一书一灯一辈子

欧国明　著

中国文联出版社

图书在版编目（CIP）数据

一书一灯一辈子 / 欧国明著. -- 北京 : 中国文联出版社, 2024.4
ISBN 978-7-5190-5515-8

Ⅰ. ①一… Ⅱ. ①欧… Ⅲ. ①小学语文课－教学研究 Ⅳ. ①G623.202

中国国家版本馆 CIP 数据核字(2024)第 089231 号

著　　者　欧国明
责任编辑　付劲草
责任校对　秀点校对
装帧设计　王俊梅

出版发行　中国文联出版社有限公司
社　　址　北京市朝阳区农展馆南里 10 号　　邮编　100125
电　　话　010-85923025（发行部）　010-85923091（总编室）
经　　销　全国新华书店等
印　　刷　德富泰（唐山）印务有限公司

开　　本　710 毫米 x 1000 毫米　1/16
印　　张　13
字　　数　168 千字
版　　次　2024 年 4 月第 1 版第 1 次印刷
定　　价　40.00 元

序 言

我跟欧国明老师相识已有二十多年了。他有着40年从教生涯，经历过从老师到校长，再到教研员三种不同角色，但唯一不离不弃的是小学语文教学研究工作。他有着丰富的教学经验和专业理论水平。记得几年前，我曾为欧国明老师首本专著《走过30年——一位教研员的实践与思考》写序。今天，我又收到他寄来的《一书一灯一辈子》手稿并请我再度为即将出版的新书写序，我欣然同意。

当我一看到手稿的书名，就被它吸引住了。一个从事40年小学语文教学研究的资深教研员所经历过的场景简单，要么从家里到单位，要么从单位到家里，两点成一直线，从课堂中来，到课堂中去深入教学调研。大半生都在台灯下备课、看书、写作。在平凡的教学研究工作中，创造出出色的业绩，成为一名优秀的教研员，被评为广东省特级教师、正高级教师。

这本新书，分四辑用不同的表现手法，从不同的视角去直面现实，表达生活，思考人生。颇具可读性，有个别作品让人读后不禁掩卷沉思，引起共鸣。

欧老师一直致力于小学语文教学研究。他刻苦钻研教材，勇于担当，大胆改革，锐意进取，活跃于全省教坛，曾分别到珠海、韶关、广州、湛江、茂名等地讲课，成为年轻老师的良师益友。他不仅热衷于教研，还酷爱朗诵、写作，他常对老师说：“作为一个语文老师，要爱读书，爱朗读，爱写作。如果连这三点都不喜欢的话，很难想象出这位老师会教好学生。”

当下，语文课程改革其中一个重点就是大力倡导学生少做题，多读书，读好书，好读书，读整本书，拓宽学生阅读渠道，提升学生阅读能力。而想要有效地落实这些举措，老师理所当然要带头阅读，带头写作，率先垂范。

一书一灯一辈子，如此简单的生活场景，却令他常常拿起笔杆写下情真意切的诗文。问渠那得清如许，为有源头活水来。这活水来自阅读，来自生活体验，还来自教学实践与思考。

杨建国

2023 年 10 月 1 日于容默斋

（杨建国，广东省教育研究院研究员，教研室教研员，正高三级，中国教育学会小学语文教学专业委员会常务理事，全国小语会汉语拼音教学研究中心副主任，广东教育学会小学语文教学专业委员会理事长）

先睹者言

一

欧主任（现在我惯于这样称呼欧国明主任，更早的一段较为长的时间我称呼他为欧校长，因为他在担任教研员之前担任校长）要出第三本书，要我作个序。对于身边的朋友出书，我是欣喜的。欣喜后便是为难，我还没到达写序的高度。纵使我能写出一篇序来，我还是不敢轻易下笔。写序是居高临下的，毕竟我比他矮了一截，走在路上是，在其他方面如教学、教研等都是。

我一直以他为目标，向他看齐，企望到达他的高度。天生的不足，即使后天的努力也无法填补。这一点，著名篮球运动员易建联说得很幽默："很多人都希望我能追上姚明，甚至超越他。21 年过去了，我试过各种方法，用过各种手段，最终也停留在 2.13 米。"

欧主任躬耕语文 40 年，不说成果累累，至少高居我们之上。他是离我最近的榜样，我一直都在仰望。

二

教了语文 40 年者众，能钟情者寥。欧主任钟情于语文 40 年。首先他课上得好，我最早听他的课是在20世纪90年代初在中共井岸镇镇委、镇政府礼堂举行的“首届斗门县小学语文青年教师评优课”上（话有些长，拗口，这里需要这么长的话，以显隆重。他上的是六年级的《草原》，当时听课者众，塞满了整个礼堂）。他以第一名代表斗门县参加珠海市首届评优课。两个“首届”加“第一名”，如果我能有这样的经历和成绩，就够吹一辈子了。

后来熟悉了，我陆续听了他《两小儿辩日》《白鹭》等课，这些课是他担任教研员后的事了。更重要的是，在他的引领下，一大批年轻的老师在成长，成为教学骨干，成为名师，连我这位与他年龄相仿的也在他的引领下成长。

他钟情于语文，对语文课堂有执着的追求。说者无心，听者有意。一次对话，促成了一节语文、音乐、美术三学科融合的公开课，圆了三十年的课堂梦。他与李海玲、杨书鉴等几位老师向来自全区小学的语文老师、音乐老师和美术老师共一百多人上了一节《月光曲》的公开课，精彩纷呈，反响很大（详见书中的《一个孕育了三十多年的课堂梦》）。

他钟情于语文，是因为他善于思考，留下了很多文字，关于语文教学的论文、札记，也涉及生活的其他方面。我也上了近40年的语文课，没能留下多少关于语文的文字，留下了的，也远没有他的深刻；我也听过了不少的课，听课后留下札记了吗？不多。欧主任的教学论文、札记让人很受启发。每次他到外地听课，写下一些札记发到朋友圈上或私发与我，让我有如临其境的感觉。他的文字里有不少的诗歌散文。

三

“一书一灯一辈子”，他读了一辈子的书。他爱阅读，读过许多书，读文学，读历史，读哲学，读教学专著及期刊。他说，读书是一个语文老师必须要干的事情。他告诫青年老师要多读书。他致力推动校园的读书活动，所提倡的“五个一”其中的一个“一”便是“一种爱读书的好习惯”。

读书是一件苦事。“破万卷，耐得灯火三更；嚼只字，捻断须髭数茎。”能乐在其中者是在修行，欧主任与书做伴，修行了一辈子。

四

我应是最早知道他要出第三本书的为数不多者之一，那是在今年秋季开学初的一次聚会上，他说，他要出第三本书，出发点与出第一、第二本书不同。他说只是要留下点文字，如果不把近年写的论文，讲座的文稿、杂文札记、诗歌整理出版有点可惜。

我肯定是最早看到他完整手稿的人，9 月 25 日上午，他给我打电话，嘱咐我给他将要出版的新书写个序，并把手稿发来，叫我浏览浏览，并对其中一些章节提个建议云云。在此之前，他也曾陆续地把一些内容发给我，如《郑州考察随想》《一灯一书一辈子》及其中的一些诗歌等。他不过以要我帮他修改之名，实是向我展示，向我分享其成果。这个我是清楚的，因为我写出什么东西来，也会发给朋友，大都发给他。

我是先睹者，欧主任发来的文稿，我认认真真地读，还不止读了一遍，尽管有些内容从其他渠道读过。先睹是何感受？快，先睹为快。

五

读着他的文字，感觉很亲近，似曾相识，很多故事就发生在身边，他是离我们最近的作者。可以说，写这类文字的人着实不少，因为远，文字也就远，没有亲近的感觉。这些年来，不单是我，我们中的许多人都跟随他到过许多地方听课、讲课，足迹遍及省内外，都听过他的课，听过他的讲座。读着他的这些文字，能不亲切吗？读着这些文字，往事历历在目，教诲又重萦于耳畔。

我等都爱读书，读过各类的、各名家的。我们阅读的目光不要忽略了身边的。读着欧主任所写的文字，有众里寻他，他就在灯火阑珊处之觉。身边熟悉的人的文字，有时更能启发我们，激发我们。

六

欧主任三度出书，两度要我为序，分别是第一次和这一次。第二次出书时，他没找我写序。就是因为这一点，更让我隐约有点“千山万水走遍终是你”的飘然，便写下《先睹者言》权作序。

25 日上午受托，下午定题腹稿，晚上纸上草稿，翌日清晨，鸡未鸣之时，键盘敲出初稿，中秋国庆假期再修改成稿。历时一周，表达先睹之快。

吴云峰

2023.9.29 中秋

（吴云峰，高级教师，珠海市名师，广东省珠海市斗门区第三小学副校长）

目　录
CONTENTS

第二辑　以叙言志

第三辑　以诗传情

以文述语

第一辑

喜欢拿起笔杆写下工作中一些教学逸事，只想留点属于自己的文字，这便是自己的写作初心。

情系语文，孜孜以求

——记斗门区教育研究中心欧国明

爱恋语文 40 载

他，一个 19 岁的小伙子，怀揣着理想，从师范毕业意气风发地踏上了三尺讲坛去追梦，这一追整整追了 40 年。其间，他从小学老师到校长，再到教研员，唯一不离不弃的是小学语文教学。

可以说，他跟小学语文教学研究进行了长达近 40 年的恋爱。

心系语文，躬身服务

1999 年 8 月，他因工作需要，从斗门县白蕉镇中心小学校长调至斗门县教育局教研室任副主任、小学语文教研员。从此，他专心致志从事小学语文教学研究工作。他，几十年如一日，不忘初心，牢记使命。每年他几乎跑遍全区四十多所小学。每周总看到他那奔波的身影，走进教室听课评课，展开深度的教学工作调研，问诊教学出谋划策。

他的表现很受校长和老师欢迎与点赞，被称为“良师益友”。

钟情语文，专业引领

40年的孜孜以求，40年的实践沉淀，37年的笔耕不辍，使他从容地从实践的层面提炼成理论并记载下来惠及全区、全市乃至全省业界同人。

先后撰写了《谈小学作文教学生活化》《依托双线组织单元结构，有效落实语文要素》《构建生态课堂教学模式》等十多篇专业教学论文并在各类教学刊物上发表。近年，出版了两部专著《走过30年：一位教研员的实践与思考》《论文体与教法——以统编小学语文教材为例》深受小语同人喜爱与好评。“欧国明老师写的书接地气，既有理论，更有实践，是年轻老师的拐杖，是优秀老师的影子，可读性强。”老师们如是说。他还主编《统编小学语文教材配套阅读丛书》（二年级上）、《统编小学语文教材书法学习指导》（四年级上）、《小学语文阅读与运用》（四年级上）、《口语交际与综合性学习》等辅助教材供全省小学选用分享。

聚焦课堂，促进交流

他，致力于课堂教学研究。37年的研究实践，使他对“纸上得来终觉浅，绝知此事要躬行”有了更深的领悟：其实，任何一项改革，任何一项举措，是否真正收到实效，恐怕不是谁说了算，应由民众来确认，教育也不例外。正所谓：春江水暖鸭先知。于是，他更坚定地走出一条自己的教研路线：从课堂中来，到课堂中去。他从众多的案例、学者、专家和名师身上，发现并概括了“五个一”语文教学方法：

写一手好字；有一副好口才；有一种好习惯；写一手好文章；怀一颗感恩心。

为了让这一方法能得以落地、生根、发芽、开花、结果，他坚持每年通过到各地如香港、珠海、高明、阳江、广州、韶关等地上公开课或举办专题讲座，分享个人的教学理念与教学方法。在疫情防控期间，他积极响应“停课不停学”号召，结合实情有序、有效组织、统筹、指导教师开展网课教学达563节，并成功开办八场“春暖花开·为你读诗”小学生在线朗读活动。他还创作了两首歌词《停课不停学》《春风吹南雄》激励老师。近年来，他还成功策划、主持斗门区教育文化节“校长论坛”。难怪老师们对他赞许有加：“欧主任是我们的好班长、优秀教研员。”

走教育科研兴教之路

知识的更新日新月异，课程改革实验进程中难免会碰到一些困惑、难题，该如何帮助老师有效地解惑、破题、可持续发展。为此，他问道教研，深知：教而不研则浅，研而不教则空。他坚持走“科研兴教，科研促教”之路。通过开展课题实验研究破解各项教学难题，促进教学质量不断提高。于是，他带领老师们先后开展了“生本教育实验”“实施‘主读式’阅读教学，提高学生语文素养”“信息化时代小学生阅读与习作能力培养研究”“小学生中华文化教育研究”“斗门区非物质文化遗产与义务教育阶段地方课程开发的实践研究”等多项立项课题实验研究并顺利通过结题。2020年11月，应邀在珠海北师大举办的全省小学教研员及骨干教师培训会上作题为《教育科研是学校教学质量的引擎》的报告，赢得与会者好评。

执着追求，自成风格

40年的教学实践与思考，形成了他的语文教学观和充满情意的启示：语文是读出来的。中国文化的精髓是靠读来领悟并传承下来的。读的能力是语文学习过程中最基本的能力，是学习语文最重要的方法。它贯穿在“认识、理解、感悟、鉴赏”的语文教学活动中……

教育，给了孩子温暖的春天；教育，给了孩子蓬勃的力量；教育，给了孩子健康的人格……

做事不能一味追求功利，教学亦然。享受工作就是以无为而达有为之境……

天道酬勤，成绩斐然

一分耕耘，一分收获。从教以来，他曾被评为首届斗门县名校长、名教师、珠海市先进教师、先进工作者、珠海市名师。2005 年被评为中国教育学会小学语文教学研究会系统先进工作者；2007 年被评为全国义务教育课程标准小学语文实验优秀教研员；2009 年 8 月，通过全省公选被广东省教育厅选派赴香港担任“普教中”教学顾问，为促进粤港两地语文教学交流发挥积极的作用。

2021 年，在建党百年之际，他荣获广东省小语会 40 周年教师优秀教育教研成果评比著作类一等奖、论文类一等奖，荣获广东省第十一批特级教师称号；2023 年他被评为正高级教师。

回眸过去，戒骄戒躁；展望未来，再接再厉。他决意把毕生的精力都贡献给自己深爱着的事业——教书育人。

（原载《珠海教育》2021 年，略作改动）

一灯一书一辈子

——与青年教师谈读书

各位老师，大家下午好！

本来此时此刻站在这里跟大家分享读书心得体会的不是我，是深圳市小学语文资深教研员赵志祥老师，因为受到疫情影响，他来不了现场，录播他不主张，因此，前天星期一才由我临时代替跟大家分享。昨天，我琢磨了一下，想以“一灯一书一辈子”这个话题跟大家分享，也许我的分享不是什么真知灼见，但至少是我的真心话，旨在抛砖引玉而已。

如果有人问我，对阅读有何感想，我会毫不含糊地告诉他：

阅读，可以帮我治病；阅读，可以帮我解惑；阅读，可以让我明理。阅读如明灯，照亮我前行；阅读如引擎，驱动我进步；阅读如雨水，滋润我成长。一灯一书一辈子，阅读，我爱你，就像骏马爱草原。

谈到阅读，很自然会谈到一个老生常谈的话题，就是“怎样才能提高阅读效果？”

记得在 20 世纪 90 年代小学语文教材有一篇课文，叫《给颜黎民的信》，在信中，鲁迅先生对爱读书、爱进步的青年朋友说过这样一番话。他说，看一个人的著作，结果是不大好的：你就得不到多方面的优点。必须如蜜蜂一样，采过许多花，这才能酿出蜜来。倘若叮在一处，所得就非常有限，枯燥了。鲁迅先生语重心长地告诫青年朋友，要博览群书，扩大知识面。其实，鲁迅先生这番话，不仅仅对过去的青年朋友有启示作用，对今天的我们，乃至未来的青年朋友都有着很好的指导作用。

其实，人生离不开阅读，生活不能没有阅读。不同的时期，不同的工作，不同的人群，不同的需求，就有不同的阅读选择。

譬如，像刚才刘俊豪同学，他现在看的书倾向于数学与围棋这类……

吴云峰校长，当语文老师，自然选择文学作品、人文历史类的书来看。一个企业家、一个医生、一个艺术家，他们看的书也不同。

那我看哪方面的书比较多呢？我梳理一下，大致如下：

小学：连环画；初中：武侠小说、听故事（长篇小说）。小学、初中阅读的初衷纯粹是为了满足自己的兴趣而去阅读。师范：文学作品（古代文学、现代文学、外国文学）、人文历史。工作期间，初期：文学作品、专业刊物；中期：教育管理、哲学、散文、诗歌；后期：哲学、散文、诗歌、演讲、听书。进入师范读书的时候，阅读的目标指向就更明确，不只是兴趣来推动，还有为实现自己的理想而阅读。退休后会读哪类书籍？尚未思考过这个问题。

大半辈子与书为友，有什么体会跟在座的青年老师分享？主要有如下三点与君共享。

其一只阅不读，见效慢。

很多读者往往都是只阅不读（这里的读是指朗读），这样，仅在默读中获取信息，而语感的培养效果会偏慢。所以，我主张在阅读时，如读到能触动你心弦的地方不妨朗读一遍，久而久之，便形成习惯，这样，在不知不觉中语感就会得到增强。语感一旦增强，阅读理解能力就会随之而提高了。何谓语感？所谓语感，就是个人对言语最直接的第一感受。譬如诗人郭沫若先生写的散文《白鹭》（被选入五年级上册教材），其表现手法与语言的感染力都值得学生乃至我们多读、效仿。在这里，我不妨朗读一遍给大家听听，从中领悟以下文章所赋予我们的一个溢满诗情画意的画卷。

……

其二只阅不思，没觉悟。

所谓觉悟就是从迷茫、疑惑中明白过来的意思。不知大家有没有发现，现在有些学生缺乏思想，尤其是批判、质疑的思想。这跟他的读书、学习有关。作为一个阅读者，当你看到能触动人心的地方或故事的结局出乎寻常的时候，也许会掩卷而思，甚至引起质疑，不断地追问，这就是阅读的思考，也是阅读的乐趣。这在文学概论上叫“共鸣”。如果你没有这种习惯，那就是纯粹的打发时间而已，就不会有思想觉悟了。例如，在鲁迅先生的侄女周晔笔下的一篇代表作《我的伯父鲁迅先生》当中有这样一段文字：“四周围黑洞洞，还不容易碰壁？”当我看到这里就会习惯性地思考一下文字背后所蕴含的另一层意思……

所以，阅、读、思三结合，阅读效果会更大。

其三只阅不写，见效微。

我们常对学生说，读写不分家，读写要结合。同样，我们身为老师，如果能带头做到读写结合，对自己，对工作都是一件有意义的事情。至于读多少，写什么，写多少，这取决于个人。

阅读好比“存钱”，即收入，表达如“消费”，即支出。如果一个人想追求高品质消费、生活而又不想努力去挣钱、存钱的话，试问能达成心愿吗？答案是否定的。同样道理，你想写出一篇好文章，如果没有厚积阅读，难道写作能薄发吗？所以，从教近40年，我一直坚持阅读、写作，笔耕不辍，已成为生活的一个重要部分，先后出版了两本著作，分别是《走过30年：一位教研员的实践与思考》《论文体与教法——以统编版小学语文教材为例》。

前段时间，我看到了一篇文章，题目叫《一群不爱看书的老师拼命地教书》，不知大家是否也看到这篇文章。我看了，心里有点气愤，气愤之余也引起我的反思：在我们教师队伍中到底有没有这类老师？如果有的话，真的有必要反思一下。

综合上述体会，我个人以为：一个人如能坚持阅、读、思、写四结合，形成良好的读书习惯，读写能力就一定会提升。

以上跟大家分享了三点粗浅体会，下面我想谈一下阅读，对我的影响。谈到这个话题，我想从三大题材来说说它们对我产生了哪些影响。

第一类：文学作品

我向来酷爱阅读文学作品，包括外国文学，尤其是念中师时期，简直到了痴迷程度。通过阅读文学作品，一方面我可以了解历史，了解社会，了解自然，了解人生的意义；另一方面既长知识，又丰富自己的情感，懂得真、善、美，使自己的内心丰盈而强大。例如当我阅读了与苏东坡有关的文集后，它对我人生的思考与选择产生了积极的影响。常阅读文学作品尤其是近代文学作品，其朴素、鲜活、情真意切的语言风格或多或少地对自己也有着潜移默化的作用。同时，对指导学生阅读经典名著也有着很好的帮助之用。

第二类：专业类（教育刊物、教育管理学）

近十年，我喜欢看的专业类杂志主要是以下这四类：《全球教育》《人民教育》《小学语文教学》《校长传媒》。作为一个从事教学研究近40年的教研员，必须要看跟自己从事的专业有关的杂志，一方面想了解当下或未来具前瞻性的教改动态与信息，另一方面想不断丰富自己的教育教学理论知识，提升自己的教育科研能力与水平，更好地指导、引领教师开展教学工作，巩固、发展教育科研成果。

第三类：哲学类

一直以来，我喜欢看哲学类书籍，如尼采、苏格拉底、杜威、周国平等著作。年轻时看哲学类书籍，你不会体味到啥滋味，较多的是在打发时间而已，而迈入中年之后，尤其是经历的事情多了，当你再看哲学类书就会顿觉它其实就在我们的身边，一切似乎不再遥远，似乎在告诉我们该如何做人，对改造自己的世界观与人生观、价值观有着积极的作用。

最后，我想以经典名著《钢铁是怎样炼成的》一段话作为我本次读书分享会的结语，与君共勉吧！

人最宝贵的是生命。生命每个人只有一次。人的一生应当这样度过：当回忆往事的时候，他不会因为虚度年华而悔恨，也不会因碌碌无为而羞愧；在临死的时候，他能够说："我的整个生命和全部精力，都已经献给了世界上最壮丽的事业——为人类的解放而斗争。"

——写于 2022 年冬

教得扎实，学方有效

——与青年教师谈小学语文教学

日前，跟一群青年教师谈起小学语文教学。这是一个老话题，可谓常谈常新。每次谈起这个话题总有言之不尽，意犹未尽之趣。这次，我围绕“教得扎实，学方有效”这个议题道出了自己一些看法，旨在能对刚出道的青年教师有点帮助而已。我说，当下语文教学要妥善处理好三大关系，这三大关系分别是：“小”与“大”，“简”与“丰”，“实”与“活”。一旦处理好，那么，学生就学得有效。

如何理解这三者关系呢？下面谈谈自己一些粗浅看法。

先说“小”与“大”的关系。“小”与“大”的关系主要是讲定位的问题。“小”指小学语文的小。小学语文是学习语文的起始阶段。今后学习语文的路还很长，没有必要，也不可能一蹴而就，包打天下。当前的小学语文教学有些“急”，在常态课上，在公开课上，都会发现有些老师有意无意地拔高学生要求，提高教学内容的难度。其实在“课程标准”中已经明确地规定了各学段的教学目标和教学内容。

语文学习是个慢活儿，是个系统工程，得一步一步来。小学语文教学拔高的地方，比如，低年级一上来就要求学生有感情地朗读，其实首先基础的是能正确地朗读、流利地朗读。低年级教学有的一上来就分析整篇课文的内容，其实低年级的重点在于理解词和句。中年级开始学写作文，就要求有开头、有结尾、分段表述、写成篇的作文。中年级的阅读教学把重点放在概括整篇课文的内容，领会文章的写法上，甚至是布局谋篇上。高年级习作教学偏重于写法技巧上的指导，对学生的作文，以篇幅的长短、用词的多少论优劣。在阅读习作教学中，追求文学性，等等。

我们的教学时间就这么多，在有的地方，费时用力了，那在其他地方必然出现缺失。也就是说，在教学要求上，有的地方越位了，那么在一些地方必然不到位、缺位。我们缺位的地方、不到位的地方比如：低年段的识字教学不够扎实，写字指导不细，书写的练习不够，时间给得少。低年级在正确流利的读课文上，缺乏指导和练习，词句的理解、积累、运用有所忽视。中年级缺位的地方比如，以段为例的理解和表达的指导欠缺，写片段训练不够扎实，初步的概括能力没有培养起来。高年级的缺位，应该达到的阅读理解能力和表达能力没有培养起来。

“大”，是指语文之大，要搞大语文，视野要大，内容要厚，途径要宽，这就是我们常说的要有大语文观。生活有多么宽广，学习语文的天地就有多么宽广。要从古人“读万卷书，行万里路”的机智中得到启发，要在教学中，让统编教材的编写理念落地。

再说“简”与“丰”的关系。“简”是简单的简，“丰”是丰富的丰。“简”与“丰”主要是目标、内容的问题。“简”是指小学语文教学的目标要简明，少一点，不宜面面俱到，面面俱到容易千篇一律。我们常常看到有些教学的设计，总是那么几个方位的目标，识字、读文、理解、思想教育。第一课时总是初读课文、识字解词、概括主要内容这几个流程。教学目标除了简还要明。要突出需要解决的问题，应当完成的任务。我主张一课一得，一课两得，做到目标集中，有的放矢，反对无的放矢。

“简”还指教学方法要简单。现在教学手段越来越现代化，有相当多的语文课，轮番展示音频、视频、多媒体，充斥着教具、课件PPT，弄得老师手忙脚乱，搞得课堂喧宾夺主。语文课堂上最主要的是在老师的指导下学生自主进行的听、说、读、写、书的语文实践活动。我向来一直主张简简单单教语文，扎扎实实学语文。

“丰”主要是指在老师的指导下，多读多练。阅读没有足够的量的累积，不可能有大幅度的、质的提升。语文学习和其他功课一样，课内得方法，课外寻发展。语文学习比其他功课更需要在课外投入，主要指的是在课外用更多的时间读书和练笔。

最后说说“实”与“活”。“实”与“活”主要是指教学过程和教学效果的问题。“实”指夯实基础。小学语文是起步的语文、基础的语文、培养种种好习惯的语文。识好字、写好字、读好文、说好话、养成良好的阅读习惯，这些是基础性的工作，一定要夯实。只有平时扎扎实实地教、扎扎实实地练，教学才能取得实效，取得高效。

“活”指教学过程和教学方法要灵活。教学设计只是预案，在教学过程中，一定要针对学情进行调整，一定要善于抓住学生提出的有价值的问题，有启发性地回答，用这些引起全班同学的关注，成为可以生成的教学资源。课上我们解决一个同学问题，可以使全班同学豁然开朗。一个同学的提问回答，能引起大家共同的思考。这样的教学是活的教学，是启发式的教学。“活”还指要把学生教活。好的老师能使学生越学越聪明，不好的老师会使学生越学越僵化。语文教学要发展学生的语言，同时发展学生的思维。要培养学生敢于提出问题，慢慢地到提出问题，到最终能自己解决提出的问题，读书要熟读，更要精思。学而不思则罔，思而不学则殆。读后要有自己的理解、感受和想法。在学、读、练、写的过程中培养思维的条理性、深刻性、全面性、灵活性。要把所思、所学、所用体现在生活中，落实到生活中，最终做到知行合一。

总之，小学语文，小而不简单，我们要辩证地认识和处理语文教学中的诸多问题，使语文教学沿着一条正确的道路不断向前。

——写于 2023 年春

谈教师成长与学校发展

日前，我应邀为斗门区白藤湖中心小学全体教师做题为《谈教师成长与学校发展》专题讲座。选择这个话题，对我来说再适合不过了。因为我的成长过程与学校的发展有着很大的关系。一个人的成长，除了与自身努力分不开外，还跟社会环境、家庭环境和工作环境有着一定的影响。

所谓成长，从概念上来说就是指长大、长成成人。泛指事物走向成熟，摆脱幼稚的过程。于我个人的理解就是把自己碎掉，然后重建，不断完善自己的过程。要碎掉什么？要重建什么？从我个人成长历程来说，要碎掉组织纪律性不够强，重建遵守纪律的自觉性；要碎掉个人主义严重，重建全局观念；要碎掉不思进取的思想，重建勤于学习；要碎掉思考问题过于简单，重建善于思考；要碎掉方法、方式简单甚至粗暴，重建改进工作方法；等等。

这就是不断完善自己，不断成长的过程。尤其是年轻老师。自己是过来人，总想提前拥有结果，曾经叛逆，这是成长路上的一段路。央视著名主持人白岩松说过："年轻时不叛逆，身体有病；年老时叛逆，脑子有病。"

何谓发展？所谓发展就是指事物由小到大、由简单到复杂、由低级到高级的变化过程。学校的发展不仅仅看办学的规模、硬件条件、教学设备，更要看它的教学质量。说白了就是不断完善，不断进步，不断提高，让广大人民满意的过程。

教师成长从来就不是独行的，而是结伴同行。这当中包括了自身的努力、学校的培养、同事的帮助以及遇上好的机遇。这点，我有较深的体会。回顾自己的成长历程，大致分三个阶段。

第一阶段（1984—1989）

从师范毕业，一个意气风发的少年怀揣着教育梦想，走上讲坛，教了五年，成绩突出，被评为斗门县首届名教师并提升为最年轻的校长。

第二阶段（1989—1999）

任职校长期间，所任学校小学毕业升学考试成绩显著，屡创新高，被评为斗门县首届名校长。

第三阶段（1999—现在）

任职教研员，躬耕教研，潜心研究，创建了最强的一个团队。

其实，每一个阶段的成长，都会遇上一个个充满挑战的时代，更有幸得到单位领导、同事的帮助与支持，所以，才有了自己的不断进步与成长。这让我在人生道路上，似乎看到了大海中的一艘船，学校是船，老师是船员，校长是舵手；也看到了庭院中的树，学校是沃土，老师就是那棵树；还看到了湖中的鱼，学校水，是活水，是清泉，鱼游得欢畅，这湖就显得更有灵气……

一个人的成长，首先取决于个人努力，这是内因，内因起着决定性作用。以我个人成长经验来看，首先在思想上，自己要树立远大的目标，中短期目标，说白了，就是要有理想与追求，并且立下为之而坚持不懈的决心与行动。其次在行动上，要勤于学习，勇于改革。

近日在微信上看到一篇报道：《教育最可怕的是：一群不读书的教师在拼命教书，一群不读书的父母在拼命育儿》，大家不妨看看这篇文章。

作为一个老师尤其是语文老师，阅读理所当然要成为你生活中的重要一部分，我们决不能以工作忙为借口，疏于学习，丢了阅读，一旦进入这种状态，教了几年，你就会发现自己被掏空了，有一种“江郎才尽”之感。试问，在这种情况下，又怎能担负起“传道、授业、解惑”呢？当下是一个“互联网+阅读”时代，各种信息、各种媒介、各种渠道像雪花般飘来，很多人习惯于以碎片化阅读代替整本书阅读，我劝诫各位同人千万不要把碎片化阅读看成是阅读。

因为这些碎片化、容易得来的知识含金量偏低，没有上升到智慧层面，没有解答方法。只有系统地持久地阅读经典书籍，才算是跟智慧打交道，才会获益良多。

最后一点就是要积极投身于各种教学教研活动，不怕吃“苦”，不怕吃“亏”，敢于在大赛中锻炼自己。

日前，我曾以《名师是怎样炼成的》为题跟新教师做了一场报告。其中一点就是青年老师必须要在大赛中锻炼自己，成就自己。各种大赛的“苦”“亏”都不怕吃，而且要抢着吃，因为你在吃的过程中得到了名师、专家的具体指导，而这正好是别的老师所没有的机会与优质的资源，久而久之，你会在不知不觉中得到提升，尤其是经过大赛锤炼之后，大有“脱胎换骨”之感。这也是我切身之体会。

综上所述，无非就是想告诉大家：教师的成长与学校发展是息息相关的。我们要把他们看作一个生命共同体。我们要爱学校，为学校发展贡献力量，而学校要关怀教师，为教师成长创设应有的条件。

——写于2019年9月

一次调研所引发的再思考

本期，小学教研部8位同人按计划逢周三上午到学校进课堂听课、评课、指导。先后对大托小学、三角小学等8所学校展开教学调研，听了语、数、英、美术、音乐、体育、科学以及信息技术约70节课，与近70位老师进行了面对面的交流、评课、指导，分别向8所学校的领导班子反馈了课堂教学现状，并有针对性地向学校提出了一些建议。

这一举措，是近年来少有的动作。记得六乡中心小学梁光宁校长在小结时按捺不住激动的心情说："你们这一次听课调研的深度、力度与信度，是我当校长以来对我触动最大的一次。"

其实，梁校长的一番话道出校长们的心声。从校长角度来看，总希望教研员到学校听课指导。从课堂中来，到课堂中去，这应该是教研员的工作基本路线。开展教学研究，试图寻求破解各种教学难题的思路，促进教师专业发展，提高课堂教学效率，这应该是我们教研员的工作职责与价值体现。

近年来，坊间有人说，当下的教研以考代研，以赛代研的居多，而深入学校、蹲在课室跟老师一起去研究探讨的不见多。以考代研，往往会引领老师考什么就教什么，以赛代研，往往受惠的是极少数有条件、有兴趣的学生，更准确地说就是教育资源相对好的学校部分学生。而课堂教学方法的改进，一种教学理念的转变往往会让多数学生，尤其是那些身居农村条件落后而思维敏捷的学生受益。

基于这样的背景，小学教研本学期的重点放在落实下乡听课指导。说白了就是教研工作的回归。

其实，每到一所学校听课调研，就好像浏览一本书，总会有所发现，有所思考。一言而概之：喜忧参半。

我认为没有更好的方法比随机进课堂听课，更真切地了解到教学现状。当你听到一节好课的时候，心感舒畅，并乐着跟老师分享、总结、鼓励，争取未来更好；当你听到一节不好的课的时候，心感不畅、不解，而更多的是思考课后该如何有效地指导老师改进方法，提高效率，努力把课上好。这看似平凡却透着特别，如果我们的评课指导到位有效的话，那么，教与学的行为都会得到改变，至少课堂会变得有效而不至于低效或负效。

本学期调研，使我更透彻地看到了乡镇学校的实况，并几度引起我的深思。记得国学大师季羡林在《自己的花是让别人看的》一文中有这么一句话来赞美德国："重返阔别 40 年的德国，变化是有的，可美丽并没有变。"我由此句式衍生成另一种说法来表达我的心情。这句话是这样：目睹 32 年以来的斗门，变化是有的，可遗憾却依然存在。30 年来，黄杨河畔两岸发生了可喜的变化，两岸的平房变楼房，从木船到轮船到今天的两桥，从单车到摩托车到今天的汽车，从水泥黑板到玻璃黑板到今天的无尘白板，从幻灯片到电教室到今天的粤教云，从月薪一百多元到今天的待遇，似乎一切都在改变（包括我们的容颜），可大家有没有看到在斗门教育发展历程中还有两种遗憾并没有消除。一是除上千人规模的学校具备美术、音乐、体育、信息技术专业专职教师外，其余的依旧没有，只有兼职教师代替，这个缺口 30 年来一直没有堵塞，这在很大程度上影响学校开展素质教育，相关课程落实成效会大打折扣。有这样一句广告语：因为专业，所以优秀。其实，大家都十分明白，兼职永远是代替不了专业专职应有的作用。一段朗读，一个音符，一抹色彩，一番演算，甚至一举手，一个眼神，对于一个专业老师而言，都会被关注到。

二是校长队伍素质依旧没有得到很好的提高。这是不争的事实。在此不再多说了。反观香洲、金湾近十多年来的校长队伍及师资队伍的更新、配备及培训等情况，明显远超斗门，与经济发展同步。

外行看热闹，内行看门道。行外的家长及一些人士或许看见校园变美了，某些节日隆而重之地举办一些庆祝活动、竞赛活动就以偏概全，为教育点个赞，可殊不知当下全国哪个县区不可以这样做，都可以弄成这样。而真正懂得教育的行家则放眼于两个重要的核心指标：一是校长管理水平，二是师资力量。其他的都是辅助条件。

因为优秀的校长、优秀的老师，他们成长的故事本身就是很好的励志教材。他们在教育教学工作中往往会专注于把学生引上自己走过的成长路，尽管不可以复制自己，但可努力把成功的基因移植到学生身上，让学生将来变得比自己更优秀，只有这样，才出现长江后浪推前浪之态势，社会才会不断向前发展。而在门外却有不少各类优秀大学毕业生苦苦地等待。

我们到学校听课调研所发挥的作用到底能有多大？能持续多久？这取决于校长、教师的认识与实际行动。经过电话回访及教育活动报道了解到个别学校如东湖小学、六乡中心小学等部分学校有改进、有措施、有落实、有效果。他们学校花钱聘请大学生上音乐课、美术课、科学课，因为校长知道照过去的计划推进，何时才能分配到这类学科的专业专职老师尚是未知数。而他们知道“一万年太久，只争朝夕”。

历经 30 年，别人原先落后于我们而今天却走在我们的前头，难道这不值得我们反思吗？

每当我坐在教室里看着那一双双渴望的眼睛和一张张充满稚气的脸蛋，心里总有一种情绪在涌动，热切地盼望着我们的师资队伍早日强大起来，让家乡的孩子真正享受到特区特优的教育。

人应该常怀“生于忧患而死于安乐”的意念。“落霞与孤鹜齐飞，秋水共长天一色”，这愿景希望我能在退休前看到。

——写于 2016 年冬

一个孕育了三十多年的课堂梦

源于一个梦

这是一个孕育了30多年的小小的梦想。忆起那年，那段青葱的岁月，那段激情燃烧的日子，刚19岁出头的我踏上了三尺讲坛，拿起粉笔开始书写自己的青春。曾经上过《月光曲》的县、镇、校三级公开课。那时，仅凭自己的有感情指导学生朗读课文，借助幻灯片呈现月光照耀下的波涛汹涌的大海来渲染一下气氛，来感受一下课文所表达的思想感情。从那一刻开始，我就萌发了一个梦想——何时能伴随着《月光曲》和画面的呈现，再上一节《月光曲》，那该多好啊！

30多年后的今天，我在这里如愿了，圆了我一个小小的课堂梦。所以，我要特别感谢李海玲、杨书鉴等几位老师（包括音乐老师、沙画老师、配乐朗读老师）今天在这里面对来自全区小学语文老师代表、音乐老师代表和美术老师代表一百多人上演了一堂史无前例、精彩纷呈、令人震撼的“三科”融合课。

来自课堂

之前，我分别听过城南学校陈老师和联厂小学梁老师上《月光曲》，听着她俩的课，又勾起了我丝丝的回忆，又重燃了我的梦想。于是，我就暗下决心要在适当的时候，用心打造一节优质的《月光曲》，向贝多芬致敬，向选编教材者致敬，向我的初心致敬。

今天，终于走了这一程：从课堂中来，到课堂中去……其实，这也是一名教研员或老师的立足点与归宿点。

出自一句不经意间的话

记得有一天，我的同事邝主任曾对着我说了这么一句不经意间的话："今天，听了几位申报正高级的语文老师课，太枯燥了，没有我们美术课那么精彩……"讲者无心而听者在意。或许这对邝主任来说，或者对其他老师来说，这是一句不经意间的话，可对于一位从事 35 年小学语文教学研究的教研员来说，恰恰正是这一句话触动了我的心弦。我当时是听得真真切切的，我还对她说："学科不同，没有可比性，而且文字、语言都是平面的，略带苍白，不像美术、音乐多彩、律动……"其实，我只是为自己的学科自圆其说而已，客观地说，当下我们的语文课确实是上得枯燥、乏味，初中、高中更甚。"难道语文课就那么枯燥、乏味吗？难道语文课就光听老师支离破碎的讲解和埋头做习题、对答案吗？"一连串的追问常常萦绕在我的头脑里。

基于此，我主动地去找合作伙伴沈老师（音乐教研员）、邝老师（美术教研员），共同打造一节语、音、美三科有机融合课——《月光曲》，才有了今天的呈现。

谈到跨学科教学或跨学科课程融合这个话题，对我们来说，恐怕这是一个很“潮”的话题，是未来方兴未艾的一个课题。这个话题应该包含如下：一是课程内容的有机融合；二是教学资源有机融合；三是课堂教学过程的方法、方式的有机融合；四是教学或课程评价的有机融合。而我们今天的融合课跟以上提到的融合课又有着不一样的东西——语文学科占主导。

寻思于一个问题

《月光曲》选自六年级上册第八单元的一篇课文。本单元还选进了《伯牙绝弦》，它讲述了一个千年被传唱的知音难求的动人故事——伯牙跟钟子期。

《蒙娜丽莎之约》，课文用生动的语言，向我们细致地展现了达·芬奇的精湛画技和他天才的想象力。

《我的舞台》，文章以第一人称的口吻，娓娓叙述了“我”在“艺术和生活”舞台上成长的故事，读后令人倍感亲切，深受启发。

整个单元的编排旨在让我们的孩子走进艺术的百花园，感受艺术的魅力，受到美的熏陶，从小培养热爱艺术的情操。

如何有效地落实这主题，我一直在寻思着这个问题。也许，我们一线老师不太在意这个目标，因为大家觉得它太高、太远，跟当下的考试没有太直接的联系，于是乎就不会花太多的心思去考虑、去落实，更甚者可能把它搁置一边完全不考虑，而更多地聚焦在传统上的识字、学文等层面上。

如果仅关注于字、词、句、篇等语文知识要素的话，那么语感、思维品质、品德修养、审美情趣等方面的语文素养又怎能得到落实与培养呢？如果是这样的话，课文《月光曲》所赋予的文字美、音乐美、画面美、人情美岂不白白被葬送了？而恰恰被葬送的东西正是我们语文教学最为需要的核心素养，相对于字、词、句等基本知识来说，今天丢了，明天还可以通过查字典、查百度补偿回来，可语感、思维、品德、审美的培养一旦丢失了，也许就会错过了良机，难以补偿。

打个比方来说吧：字、词、句、篇等语文基础知识作为工具，能教会你行走，但还不能让你飞，只有同时抓好了语感、思维、品德、审美的培养，才会让你能展翅翱翔。

所以说，教育不只是眼前的考试，还有诗和远方。而这诗和远方实则是语感、思维、品德、审美和育人。

基于这点，我想借本课来诠释“如何感受艺术的魅力，受到美的熏陶”这一主题。诚然，反思一下，依然还有改进空间，“课没有最好，只有更好！”

着眼于未来

本次活动，还出于另一个目的——搭建一个平台，让年轻老师展示才华，从而促进其专业不断发展，促进其不断成长。“普通教师—骨干教师—名教师—卓越教师（或者校级领导）”“二级教师—一级教师—高级教师—正高级教师”这两个目标一直是我带领团队去奋斗的目标，我自己是这样追求，也是这样做的，我更希望我的团队里的每一个老师能跟我一起奋斗，不断超越自己，挑战自己，为教育好家乡的孩子，为孩子未来奠基做出自己最大的贡献。

当下，有些老师盲目追求权威，盲目地崇拜专家，就好像一些“粉丝”“玉米”去追星。作为老师，尤其是年轻老师，要清楚地知道自身需要什么，要有一定的定力。你自己一定要清楚，不是某位权威专家在你们学校做了一场精彩的演讲，就否定了自己，像他那样改变自己，也不是因为你喜欢的某位老师的某堂课让你佩服得五体投地，你就要改变。你要知道：鱼不如鸟飞，鸟不如鱼游，各有所长，要扬长避短。

接下来，说说这次活动给我的四点启示：

1.“跨学科融合教学”正处于萌芽、起步阶段，未来会方兴未艾。语文学科，如经典散文、人文情怀浓厚的课文、画面感较强的课文均可寻求与美术、音乐的有机融合，例如《凡卡》《穷人》《桥》《秋天的怀念》，等等，我们要大胆尝试，不怕失败。

2. 打破学科之间的壁垒，创新教学模式，提高学生语文核心素养。我认为这样做，至少有五点必要性，在此，因为时间关系就不一一作具体的阐述：

（1）有利于构建知识之间的联系；

（2）有利于学生的全面发展；

（3）有利于减轻学生的负担；

（4）有利于教师素质的提高；

（5）有利于国际教育接轨。

3. 新兴的学校或优质学校大可选择这类课题开展实验研究，促进课程改革和教学改革。例如实验小学、实验二小、井岸一小、齐正学校，等等。

4. 一项活动或某一堂课、某一件作品，要想打造出好的效果，团队各成员之间需要有一个有温度、有深度的交流与打磨过程，而在这过程当中，大家都会有所发现，有所创新，有所进步，可谓一举多得。

最后引用鲁迅的一句话作为结语：“做土的功效，比要求天才还切近，否则，终有成千成百的天才，也因为没有泥土，不能发达，要像一碟子绿豆芽。”我衷心希望学校能真正成为杰出人才后备军成长的“沃土”。

——写于 2019 年 5 月

为学生未来奠基

——我的“五个一”语文教学观

有些事情总是经历过之后才会明白，才会知道是对，是错，该要还是该弃。经历了30年教学生涯后，我发觉教育教学各项改革从未停息，不少专家对教育改革、人才培养、教学质量等方面的看法众说纷纭，莫衷一是。面对如此现状，我身为教研员，更要保持一个清醒的头脑，结合实际做出正确的选择，才能引领我区小学语文老师朝着一个正确的轨道前行，才能更好地培养人才。否则，会在徘徊中虚度、浪费春光。于是，十年前，我从众多成功个案以及优秀学生、名师、专家等身上，提炼出自己的语文教学观，或者说教学方法、培养人才模式，具体如下：

千教万教，教会学生写得一手好字；千教万教，教会学生有一副好口才；千教万教，教会学生写得一手好文章；千教万教，教会学生有一种爱读书的好习惯；千教万教，教会学生有一颗感恩的心，简称“五个一”。

为了使“五个一”教学理念得以在全区持续有效实施，为学生未来奠基，我十年来一直力行“全区一盘棋，建立长效机制，常抓不懈”。“棋盘”设计如下：

一 “一手好字”

总目标：养成书写规范、认真、整洁的好习惯。

总要求：

1. 重视写字课，贯彻落实《中小学书法教育指导纲要》；

2. 期末全区小学生硬笔书写能力测试，以此力促落实；

3. 坚持以赛促练，激励先进，鞭策后进。

二 “一副好口才”

总目标：善于倾听，乐于表达，提升口语交际能力。

总要求：

1. 重视课堂上朗读指导，培养语感；

2. 上好口语交际课，提高表达能力；

3. 坚持课前一分钟演讲，增强勇气；

4. 期末全区小学生朗读能力测试，互相促进；

5. 坚持以赛促练，增强自信心。

三 “一手好文章”

总目标：文从字顺，内容具体，感情真实。

总要求：

1. 重视上好习作课，消除畏难情绪；

2. 重视随文练笔，培养兴趣；

3. 坚持写日记、周记，加强积累运用；

4. 以赛促练，增强自信。

四　“一种爱读书的好习惯”

总目标：多读书，好读书，读好书，读整本书

总要求：

1. 重视读书习惯培养与方法指导；

2. 营造书香校园，以文化人；

3. 家校共育，巩固发展；

4. 常办读书分享会，互相学习。

五　“一颗感恩的心”

总目标：感恩祖国、感恩亲人、感恩善人。

总要求：

1. 重视教书育人，学会结合课文渗透道德品质教育；

2. 重视文化育人，善于活用中华经典文化传递正能量；

3. 重视生活育人，灵活运用生动丰富的人文素材教育学生。

——写于 2023 年秋

基于新课标下的小学语文教学质量评价导向

——以四年级语文期末检测为例

《义务教育语文课程标准（2022年版）》（以下简称“2022版课标”）指出：“义务教育语文课程评价要有利于促进学生学习，改进教师教学，全面落实语文课程目标。”这一要求明确了课程评价除了引导和促进学生的学习外，还对教师教学起评价、反馈和改进的作用。其中，“学业水平考试”是语文课程评价的重要组成部分，对教学质量评价起着导向的作用。鉴于此，本文将以我区四年级语文期末检测为例，谈谈基于新课标下的小学语文教学质量评价导向。

一、命题导向，优化教学效能

长期以来，《义务教育语文课程标准》只规定课程的目标与内容，而对相应学段的学生应该学到什么程度，达到什么水平没有具体的规定，这导致老师在把握教学深浅程度时无所适从。为了避免这种现象，“2022版课标”新增加了“学业质量”这部分内容，明确提出教师“教什么”“怎么教”“为什么教”“教到什么程度”。与此同时，它还第一次将“学业水平考试命题”

纳入“评价建议”中，分别对命题原则、命题规划、命题要求进行了具体清晰的阐释，让命题团队明晰了“命制什么样的试题”“怎样命制试题”“为什么这样命制试题”。解决了以前“教”与“考”边界模糊的问题，促使老师以核心素养为培养目标，从知识本位转变为能力本位、素养本位，促进学生从接受式学习转变为理解应用式学习。实现命题对教与学的有效引导，优化教学效能。

（一）依标命题，精选有时代感的检测材料

命题材料是影响检测质量的重要因素。“2022 版课标”指出：“命题材料的选取要具有时代性、典型性和多样性，充分体现语文课程特点。”据此，我区小学语文命题小组严格依据新课标学业质量标准，从大量的素材中精挑细选出符合学生的认知特点和生活经验，具有一定代表性、典型性、时代感的时事新闻、热点事件、名人故事、中华优秀传统文化、社会生活等材料进行命题。以下便是我区近两年四年级期末检测的试题选材——

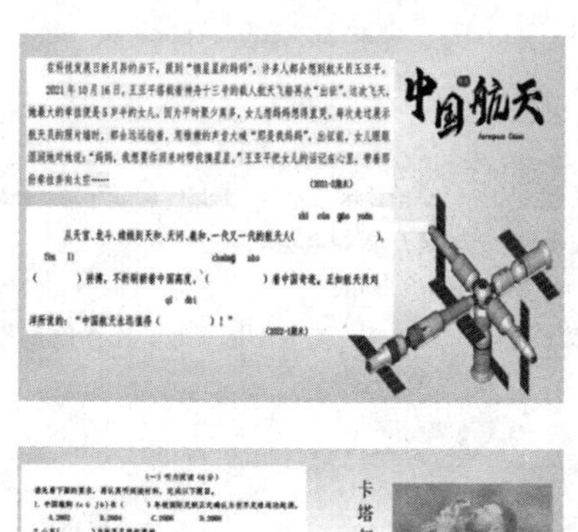

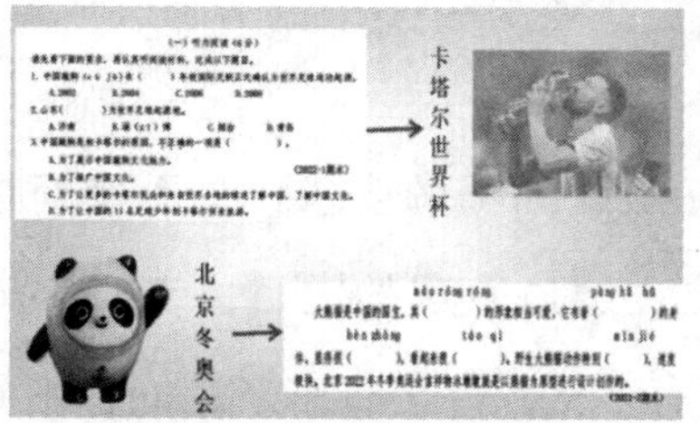

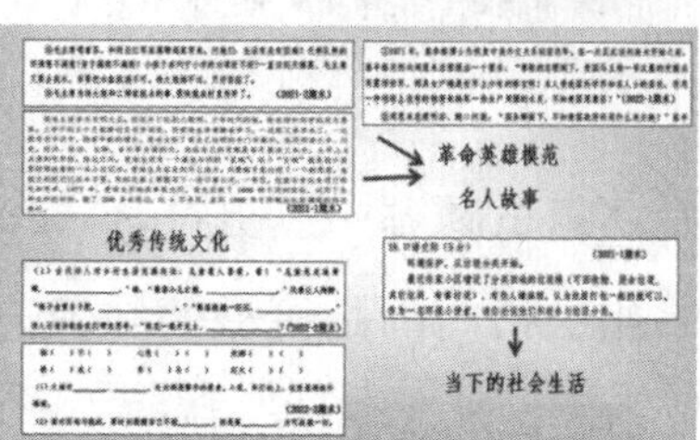

检测命题的取材范围广，囊括从古至今，从中到外，不但引导学生从小关注时事、了解身边的大事小情，培养他们文化自信，而且还对教师的自身素养及教学提出更高的要求。在时代飞速发展的今天，为师者，必须坚持终身学习，提升自身专业水平和信息、文化素养，树立大语文观，立足于教学实践，这样才能紧跟时代的步伐，引领学生走向更广阔的世界。

（二）创设情境，指向语言运用

“2022 版课标”要求：小学语文命题要以情境为载体，依据学生在真实情境下解决问题的过程和结果评定其素养水平。就拿语文基础知识来说，命题者要摒弃过去机械考查的方式，通过创设应用情境，考查学生在具体情境中灵活运用知识、解决实际问题的能力。下面以 2019 年和 2022 年我区四年级期末检测的“读拼音，写词语”试题为例：

第一组（2019 年）

13．读拼音，写词语（10 分）

nù hǒu　　xì bāo　　wú yì　　zēng tiān　　zhāo xiá

（　　）（　　）（　　）（　　）（　　）

第二组（2022 年）

从天宫、北斗、嫦娥到天和、天问、羲和，一代又一代的航天人（zhì cún gāo yuǎn），（fèn lì）拼搏，不断刷新着中国高度，（chuàng zào）着中国奇迹。正如航天员刘洋所说的：“中国航天永远值得（qī dài）！”

以上两组试题哪一组更符合“2022 版课标”的要求？毫无疑问是第二组。第一组，指向的是机械的知识记忆，通过直观的题目去考查字词的掌握情况。但我国的文字博大精深，一词有多义，一字有多音，同音不同词的情况有很多，如第一组拼音 wú yì，可以分别写出“无意”“无义”“无异”“无益”等四个同音异义的词语。如果按第一组的考查方式，学生写了上面任何一个都对。但从学生核心素养形成的过程来看，学生会写并不意味着他会分辨、能运用。我们反观第二组，命题者通过创设语境，引导学生在新情境中对知识进行迁移运用，从弄清“是什么”到知道“怎么用”，从简单记忆到实际运用，从单一的知识点到结构化的知识输出，这样更好地考查了学生对语言文字的积累、理解和运用的能力。

当今的世界发展，已超乎我们的想象，如果我们的教学仍停留在知识本位，不能跟上时代变化的话，那我们只能培养出一批随时有可能被社会淘汰的书呆子。因此，“2022 版课标”明确地要求了小学语文命题要以情境为载体，而不是离开应用情境考查静态的知识点。

（三）熟读教材，紧扣学段目标

“2022 版课标”根据不同年段学生的知识水平和发展特点，制定了学段目标。命题者要明确三个学段的目标，及相对应的教材，熟悉每个学段的命题范围和要求，命题时要体现每一学段知识的进阶性。如中年段“阅读与鉴赏”的学段目标——

1. 能联系上下文，理解词句的意思，体会课文中关键词句表达情意的作用。

2. 在理解语句的过程中，体会句号与逗号的不同用法，了解冒号、引号的一般用法。

3. 能初步把握文章的主要内容，体会文章表达的思想感情。

4. 能复述叙事性作品的大意，初步感受作品中生动的形象和优美的语言，关心作品中人物的命运和喜怒哀乐，与他人交流自己的阅读感受。

……

下面以2022年四年级期末检测试题为例：

③儿子找到了一种方法来触及俄罗斯男孩的心灵。儿子不希望他孤独。儿子对自己所做的一切，只是（　　　　）地说：“我正在给朋友写张便条。”

11.请在第③段括号内填上恰当的词语（　　）。

A. 轻描淡写　B. 无所畏惧　C. 垂头丧气　D. 漠不关心

以上这道选择题，考查四年级学生“联系上下文，理解词句的意思，体会课文中关键词句表达情意的作用”的能力。学生通过联系上下文，抓住关键词句，进行理解、比较、分析、筛选，便能准确回答。此题符合四年级学生的语文水平。

然而，同一处内容，如果换成高年级，命题的难度就要上一个层次，高年级的要求是“联系上下文和自己的积累，推想文中有关词句的意思，辨别词语的感情色彩，体会其表达效果”。命题者根据这一目标，题目有可能会变成“第③自然段画线句子中‘轻描淡写’换成‘垂头丧气’好不好？为什么？”试题中“为什么”三个字，要求学生除了理解、比较、分析之外，还需要提取信息、概括归纳、理清思路、组织语言，难度明显有所提高。因此，从命题导向来看，为了学生的可持续发展，教师要重视学段间的衔接，着力研究不同学段教学目标的共性与差异，细化各阶段所要达成的课程要求与教学目标，逐步形成各学段衔接教学的目标体系。

（四）开放命题，实现评价多元化

传统命题大多以客观题的形式呈现，一味追求答案的统一性和知识的准确性，评价的方式单一，缺乏创新意识，这显然不符合2“2022版课标”的

“命制的试题力求形式创新，鼓励增加开放性试题比例”的要求。因此，命题者会尽量增强试题的开放性。

就拿期末习作考查为例，以往期末检测对习作考查，常以命题或半命题作文为主。这两种写作形式有着“他人出题、依题作文、受命作文”的特点。若作为平时的写作训练，它们符合了学生写作心理发展的特点。因为命题或半命题作文能帮助学生集中思绪，启发学生展开思路，引导他们围绕题目的要求去思考、去表达，从而达到训练的目的。然而，作为期末检测考查，命题和半命题作文缺乏灵活性和创新性，在某种程度上束缚了学生的思维，他们的文章就容易出现生搬硬套、千篇一律，写大话、空话的情况，最终由于内容单一，评价不全面，未能较好地反映学生的核心素养水平。因此，“2022 版课标”对中年段“表达与交流”提出这样的要求：观察周围世界，能不拘形式地写下自己的见闻、感受和想象，注意把自己觉得新奇有趣或印象最深、最受感动的内容写清楚。这一要求强调了学生必须学会在写作中表达“真情实感”。比如：

22. 完成习作（30 分）

词人看见孩子嬉戏时会写“最喜小儿亡赖，溪头卧剥莲蓬”；诗人看见美丽的景色会写下“不再胆怯的小白菊，慢慢地抬起它们的头”；作家看见白鹅会写下“好一个高傲的动物！”……你眼中的世界又是怎样的呢？请提笔写下来。内容不限，题目自拟。

这一道试题以诗意的语言创设写作的情境，开放构思空间，让学生联系生活实际，发挥想象力、创造力，大胆选材，这样的命题更容易引导学生跳出限定的“框框”，用“我手写我心”，以“我文传我意”，体现学生真实的语文学习水平。像这种开放式的命题，向教师们传递一个信息：在日常的语文教学中，教师要尝试创设不同的情境，训练学生的语言运用及思维的能力，通过多种评价方式，激发学生学习的积极性。

（五）听力考察，提升基本能力

听、说、读、写是语文核心素养的基本要素，是学生学习语文的应具备的基本能力。但一直以来，语文教师重视说读写的研究，却忽略“听”的探索。很多人认为：汉语作为母语，“听力”是与生俱来的，不经训练也能无师自通，不必多此一举。可是，在课堂上、在人际交往中，不注意别人说话或听不懂别人说话的孩子不在少数。因此，“2022 版课标”在“表达与交流”实践活动中对每个学段的学生听力提出以下要求：

第一学段要求：与人讨论交流，注意倾听，努力了解讲话的主要内容。

第二学段要求：能用普通话交谈，学会认真倾听，听人说话时能把握主要内容，并能简要转述。

第三学段要求：听人说话认真、耐心，能抓住要点，并能简要转述。

从“注意倾听”到“认真倾听”，再到“认真且有耐心倾听”，从“了解内容”到“把握内容”，再到“抓住要点”，“2022 版课标”对学生能力训练逐步提高，层层递进，这既符合学生身心发展的规律，也培养学生核心素养的能力。近两年来，在“2022 版课标”的指引下，我区小学语文命题小组对三年级至六年级期末检测新增听力阅读部分，旨在让教师重视学生的听力训练，培养学生听话的注意力、话语的辨别力、语义的理解力、信息的记忆力、话语的品评力和联想创造力，等等。

二、数据导向，提升教学质量

采用数据驱动精准教学，本质上是为了帮助教师发现教学中存在的问题、可改进的地方、学生的个性化学习情况等，以便转变教学方式，实现基于“经验+数据”的更科学的教学。然而，不少一线的语文教师对数据使用，并没有过多的想法，仅局限于对“一分三率”（平均分、优秀率、合格率、后进率）的分析和对比。其实，这样的数据分析，对教师教学改进和教学质量提升的作用是微乎其微的。为此，以我区期末检测情况为例，谈谈如何让数据发挥导向作用。

（一）试卷是数据分析的依据

数据分析不可能凭空而论，必然以试卷为依据，探讨数据背后反映的问题。因此，教师在数据分析前，先要对试卷的结构、难易度、题型、命题的特点了然于胸，然后对照课标，分析每一个考点考查的是学生哪些能力与素养。这个过程实际是让教师重新审视自己一学期的教学：是否紧扣课标教学，知识点是否落实，学生的学习效果与教师预期有怎样的差距，等等。

（二）分析学生答题情况

学生答题情况，反映了教师的教学成效。根据我区期末检测的实际，学生的答卷由全区语文教师统一网上评阅，再后台统计数据。因此，我区教师可以通过“小题分”（图1）、“试题分析”（图2）等数据，对多个学生统一错误进行辨识，对不同错误实行归类，可以结合学生出现的问题对自身教学过程再作反思，这样有助于教师更精准地掌握学生学习的规律，形成针对性的补救策略。在这个过程中，教师的教学见识与见解得以丰富，学校的教学质量也会随之得到提升。

XX市XX区XX小学_小题分(语文)															
姓名	行政班级	学校	语文												
			全卷	1卷	2卷	单选题1（2.0分）	单选题1_答案（D）	单选题2（2.0分）	单选题2_答案（C）	单选题3（2.0分）	单选题3_答案（B）	单选题4（2.0分）	单选题4_答案（B）	单选题5（2.0分）
张雨杨	小学2019级X班	XX小学	98.5	28	70.5	2	D	2	C	2	B	2	B	2
张靖琪	小学2019级X班	XX小学	98.5	28	70.5	2	D	2	C	2	B	2	B	2
钟晓安	小学2019级X班	XX小学	98	28	70	2	D	2	C	2	B	2	B	2
陈俊燃	小学2019级X班	XX小学	97.5	28	69.5	2	D	2	C	2	B	2	B	2
赖贝钰	小学2019级X班	XX小学	97.5	28	69.5	2	D	2	C	2	B	2	B	2
王子阳	小学2019级X班	XX小学	97	28	69	2	D	2	C	2	B	2	B	2
李安琪	小学2019级X班	XX小学	97	28	69	2	D	2	C	2	B	2	B	2
谢[illegible]	小学2019级X班	XX小学	97	28	69	2	D	2	C	2	B	2	B	2
王玥潼	小学2019级X班	XX小学	97	28	69	2	D	2	C	2	B	2	B	2
王梓淇	小学2019级X班	XX小学	96.5	28	68.5	2	D	2	C	2	B	2	B	2
邝泽轩	小学2019级X班	XX小学	96.5	28	68.5	2	D	2	C	2	B	2	B	2
周敏	小学2019级X班	XX小学	96.5	28	68.5	2	D	2	C	2	B	2	B	2
周芷楠	小学2019级X班	XX小学	96.5	26	70.5	2	D	2	C	2	B	2	B	2
黄志诚	小学2019级X班	XX小学	96.5	28	68.5	2	D	2	C	2	B	2	B	2
陈沁妤	小学2019级X班	XX小学	96.5	26	70.5	2	D	2	C	2	B	2	B	2
王泽恺	小学2019级X班	XX小学	96.5	28	68.5	2	D	2	C	2	B	2	B	2
罗鸿蓝	小学2019级X班	XX小学	96	28	68	2	D	2	C	2	B	2	B	2
崔梓莹	小学2019级X班	XX小学	96	28	68	2	D	2	C	2	B	2	B	2
罗诗晴	小学2019级X班	XX小学	96	28	68	2	D	2	C	2	B	2	B	2
李雨霏	小学2019级X班	XX小学	95.5	28	67.5	2	D	2	C	2	B	2	B	2
李玥莹	小学2019级X班	XX小学	95.5	26	69.5	2	D	2	C	2	B	2	B	2
彭靖雯	小学2019级X班	XX小学	95.5	28	67.5	2	D	2	C	2	B	2	B	2
邝添心	小学2019级X班	XX小学	95.5	28	67.5	2	D	2	C	2	B	2	B	2

图 1

试题分析(语文)																								
题号	小题号	答案	人数	最高分	最低分	平均分	标准差	得分率	满分率	零分率	难度	A		B		C		D		多选		漏空	
												人数	选率	人数	选率	人数	选率	人数	选率	人数	选率	人数	选率
单选题1		D	52	2	0	1.96	0.28	98.1	98.1	1.9	0.98	1	1.9					51	98.1				
单选题2		C	52	2	0	1.92	0.39	96.2	96.2	3.9	0.96			2	3.9	50	96.2						
单选题3		B	52	2	0	1.62	0.8	80.8	80.8	19.2	0.81	3	5.8	42	80.8	2	3.9	4	7.7			1	1.9
单选题4		B	52	2	0	1.92	0.39	96.2	96.2	3.9	0.96			50	96.2	2	3.9						
单选题5		C	52	2	0	1.73	0.69	86.5	86.5	13.5	0.87	3	5.8	1	1.9	45	86.5	2	3.9			1	1.9
单选题6		A	52	2	0	1.62	0.8	80.8	80.8	19.2	0.81	42	80.8	1	1.9	4	7.7	5	9.6				

图 2

（三）善用数据对比找差距

通过数据对比，教师可以具体分析学生与学生间、班级与班级间、今年与往年的差距，从差距中思考教学的不足之处。以下图为例：

小题平均分对比分析(语文)										
行政班级	单选题1(2.0分)		单选题2(2.0分)		单选题4(2.0分)		单选题5(2.0分)		单选题6(2.0分)	
	均分	得分率	均分	得分率	均分	得分率	均分	得分率	均分	得分率
四（1）班	1.96	98.15	2	100	2	100	2	100	1.26	62.96
四（2）班	2	100	2	100	1.96	98.11	1.7	84.91	0.64	32.08
四（3）班	2	100	1.96	98.11	1.85	92.45	1.74	86.79	0.79	39.62
四（4）班	1.96	98.11	1.96	98.11	1.92	96.23	1.85	92.45	1.21	60.38
四（5）班	2	100	2	100	1.96	98.15	1.63	81.48	1.44	72.22
四（6）班	1.96	98.15	2	100	1.85	92.59	1.52	75.93	0.44	22.22
四（7）班	2	100	2	100	1.96	98.08	1.92	96.15	0.69	34.62
四（8）班	2	100	2	100	1.96	98.11	1.89	94.34	0.75	37.74
四（9）班	2	100	2	100	1.92	96.08	1.88	94.12	1.33	66.67
实验小学	1.99	99.37	1.99	99.58	1.93	96.65	1.79	89.52	0.95	47.59
全休	1.94	96.97	1.95	97.38	1.1	54.96	1.41	70.35	0.7	35

图 3

四（6）班的单选题 5 的得分率明显低于其他班级，这是为什么呢？教师可以对比试题内容，回忆相关知识点的教学过程，通过不断反思，找出自己与其他老师的差距，从而明确自己教学改进的方向。

（四）数据导向，促进教学相长

《学记》有言："学然后知不足，教然后知困。知不足，然后能自反也；知困，然后能自强也。故曰：教学相长也。"数据的呈现，让学生"知不足"，让老师"知困"，教与学才能"相长"。因此，每一次期末检测数据的出炉不是教学的终点，而是教师改进教学的起点。读懂数据，用好数据，对提高学校的教学质量有着重要的导向作用。

教学质量是学校办学的灵魂。教师的教学理念、教学行为直接影响着教学质量的提高。"学业水平考试"中的命题及数据分析对学校教学质量评价起着重要的导向作用。因此，小学语文教师一定要树立大语文观，以教材为例子教语文，教思维，教审美，树立学生的文化自信，塑造学生的健全人格，扩大学生的知识视野，拓宽学生的认知结构。只有这样，才能将新课标精神有效落实。

行走于课堂，不忘初心

一　公开课《生命　生命》教学构思

（此课于2018年先后在斗门区实验小学、斗门镇斗门中心小学韶关、南雄等地亮相）

《生命　生命》这篇课文是台湾著名作家杏林子笔下一篇脍炙人口的文章。

构想一：如何确立教学目标

这是一篇励志课文，分别被选入四年级、七年级。课文之所以被选入教材让学生学习，我以为其宗旨在于让学生从作家身上受到影响与启示：生命是宝贵的，也是美好的。要珍惜生命，努力使自己活得更加光彩有力。基于此，课文教学目标设定为：充分利用作家杏林子有关信息帮助学生更全面、更立体地认识作者，从而达至理解作者对生命的思考。同时，向学生传递正能量，进一步激励学生热爱生命、热爱学习。

构思二：初读课文，读得通顺

课文开头首先提出了一个大家熟悉而又凝重的问题：生命是什么？接下来，作者并没有从正面去回答这个问题，而是从日常生活中的三件常见的小事中表达她对生命的深刻理解和热爱生命的强烈之情。第一件事：在灯下写稿，看见飞蛾强烈的求生欲望令她震惊，深受感动放了它，让她懂得要珍爱生命。第二件事：看见砖缝中顽强生长的瓜苗，深受感动，让她鼓起勇气，顽强地活下去。第三件事：讲述自己拿着听诊器静听自己的心跳，让她懂得生命掌握在自己手里，生命是短暂的，要热爱生命，活得光彩而有力，让有限的生命体现出无限的价值。

这篇课文十分感人，我非常喜欢，所以，今年上半年，我分别在斗门、韶关、乐昌等地上了 3 次公开课。

作为小学语文教研员，我上这一课跟一线老师有着不一样的精彩。我的教学意图：通过课文教学，向老师传递出我一贯以来倡导的语文教学观“能正确、流利、有感情地朗读课文”。因为在《语文课程标准》中提道：语文教学要注重培养有感情朗读课文，增强语感。对于这一点，我十分认同，尤其是我们珠三角方言区的农村孩子更有必要去加强这方面的培养。我作为一名爱好朗读的老师深切地认识到，无声的文字，只有通过有声的倾诉，才更有张力。而这有声的倾诉实际上就是朗读。我一直认为，如果一节语文课下来，学生还不会正确、流利、有感情地朗读，还说是一节高效课堂，这种说法是站不住脚的。

基于这样的教学观念，我会通过范读、个人读、有针对性的指导读等多种方式，让学生读顺、读正确，慢慢地走近作者，聆听作者的心声。

师：先听听同学们初次读课文的情况怎样？谁能带头朗读第一、第二节课文？第三节？第四节？第五节齐读。

生：略

（重点相机指导正音和长句）

师：请大家看看这个长句该怎样读好？（点击 PPT）

生：略

构思三：教给学生学会提取信息的方法

（学会抓住重点句、提炼短句）

师：齐读第一节。

师：1. 课文开头第一节跟你平时所见的课文开头有什么不同？

2.“我常常在想，生命是什么”中的“我”是谁？请问，你会常常在想这个问题吗？那她为什么会常常想这个问题？带着这个问题来认识一下作者杏林子——

师：从这段简介内容中，你至少知道了以下信息：

1. 个人基本情况；

2. 患病中途辍学，仅小学毕业；

3. 后来自学成才，成为最具影响力的作家、杰出女青年。

师：接下来，作者没有立刻回答她自己提出的问题，而连续讲了三个不同的事例。哪三个不同的事例？老师交给你学会提炼第一个事例，然后自学完成其他两个事例，行不行？

师：方法如下（点击 PPT）

仔细阅读第 2 节课文—画出中心句—跟同桌交流—学会提炼成简洁的句子（学会旁注）

同学们，听明白了吗？好！开始——

师：检查自学效果，请看老师的做法——

师：小结自学情况，接下来，请同学们依照刚才的方法自学第3、4节课文，时间：2分钟，开始——

生：自学，略

师：检查汇报——对照一下老师的答案。

师：从这个环节学习中，我们会发现一个现象，就是（点击PPT）：每段的中心句或重点句有时会出现在段首，有时会出现在段尾，找到之后，在书的空白处做点旁注，写上自己的理解。这种读书方法，也就是人们常说的"学会把书读薄"，换言之，就是学会概括。

构思四：教给学生学会借助信息学会品读与感悟

师：刚才老师教你一招，就是"学会把书读薄"，下面，在学习课文中，老师教你另一招"学会把书读厚"，请同学们先看第一组信息（点击PPT），请一位同学念给我们听——（教师可范读）

（1）我的病痛让我腿不能行，肩不能举，手不能弯，头也不能自由转动。甚至吃一口心爱的牛肉干的权利也被剥夺了，因为咬不动。

（2）每天，我必须跟自己的疾病对抗，眼睁睁地看着关节一个个发病，红肿、疼痛，渐渐僵直变形……慢慢地，我发现手上不能举、脚无法踏地，连梳个头、扣个衣扣都困难重重。我不得不依赖别人，除了懊恼，还有深深的无力感与挫折感……

师：此时此刻，你知道什么？我想请大家读读第二段课文，同学们，请大家想一想，面对病魔的折磨，杏林子在灯下写稿，当她面对着手中极力挣扎、求生的飞蛾时，会想到什么？你说——

师：一个小小的飞蛾在生命面临着严重威胁的时刻，却能表现出如此强烈的求生欲望，绝不放弃，珍惜生命，抗争到底，一个小小的昆虫竟然如此，更何况我是人呢？所以，她放了它，并从中得到启发和力量。此时此刻，你最想用哪个词来表达你的心情？请在书本空白处旁注，写上这个词（板书：珍爱生命）。

其实，杏林子小的时候，也就是还没有患病的时候，跟你们一样拥有健康、快乐和幸福。她在她的回忆录曾有这样一段描写（点击 PPT）：请班长念一遍——

小时的我，得天独厚，长得漂亮、能言善道，是父母的宠儿、学校的风云人物，几乎所有的光环和掌声都给了我。我是太阳、是月亮，是天空最灿烂的那颗星星。一场莫名奇妙的病，把我从天堂打入地狱。光环褪色、掌声消失，换来一句句同情、怜悯的话……

此时此刻，你心里有什么感受？

师：小结一下刚才的学习方法（点击 PPT）：借助信息—品读体会—写下感悟

接下来，我们按照这种读书方法，学习第 3、4 节。

师：先看下面一组信息，再读第 3 节（点击 PPT）：

（1）病了整整 50 年，除去中间少数几年，我从未有一夜睡到天亮的福气。一个晚上痛醒个 30 次、40 次是家常便饭……

（2）早在父母死心之前，我早已对自己疾病不抱希望。与其自己受苦、拖累父母，不如早早解脱。但人终究是矛盾的，尽管绝望，仍愿给自己最后一丝希望。于是，我跟自己悄悄定了一个 3 年契约。3 年之内，倘若我的病不能痊愈，就用自己的手结束这个残破不堪的生命……我连今生都快过不下去，永生对我有什么意义？上帝既然爱我，为什么要我遭受如此大的苦难？

师：当你看到这些信息，你心里有什么感受？那到底是谁给了她生存的力量呢？请齐读此节，此时此刻，你想说些什么？请在空白处旁注一下你的感受——

师：小结：杏林子从一粒香瓜子不屈向上，茁壮生长的身上汲取了生存的力量——我也要像香瓜子那样顽强地活下去（板书：顽强的意志）。

接下来，我想请同学们用心地去朗读这一段课文，体会一下杏林子的那时的心情。

师：同学们，当你细读了下面材料之后，再来读课文最后两段话的时候，你又有怎样的想法呢？（点击PPT，附有背景音乐，由老师范读）

因病令杏林子不得不中途辍学，故此，杏林子的最高学历仅为“小学毕业”，杏林子初时甚为介意，但后来渐渐释怀，自此，杏林子通过函授学校及教育电台刻苦自学，她的母亲总不辞劳苦地替她借书。函授学校的老师曾拿杏林子的作品到报刊发表，鼓励了她日后尝试投稿。杏林子第一篇投稿获刊登的文章是《他与她》，从此以后，她不断写作，作品类型也越见多样化，除散文外，还有小说、广播剧、电视剧本、舞台剧本等，屡获殊荣。

除了写作外，杏林子还致力于服务残障人士，常为有残缺的人做义工服务，并成立了基金会帮助残疾人士。

由于杏林子残而不废，勇于向生命挑战，并以著作激励社会，她不但被誉为台湾最具影响力的作家，而且曾在1980年获选为第八届十大杰出女青年。

她的晚年在几乎无法执笔的情况下，仍坚持以口述方式写作，作品中充满了求生的意志，足以激励人心。

师：现在，我想请同学们一起读最后两段课文——

师：1. 她有没有让生命白白流失？

2. 使自己活得更加光彩有力，她做到了吗？

3. 她说："我们可以让有限的生命体现出无限的价值。"你理解了吗？

师：此时此刻，你又有什么感受，请在空白处旁注一下（板书：活得光彩有力）。

构思五：回归整体阅读《生命　生命》（初一版），增强语感

师：同学们，此时此刻，我想请大家站起来一起朗读杏林子笔下的《生命　生命》原文版，被收进初一课文，以表达我们对她崇高的敬意，我也相信她在天堂会听到我们的好声音——

师：同学们，今天老师跟你们一起上了一堂语文课，你们觉得有收获吗？收获了什么？能跟老师、同学分享吗？

（请个别分享）

结语：同学们，今天老师很乐意跟你们一起学习。通过学习这篇课文，让我们更具体、更立体地认识了一位中国台湾著名作家杏林子，从她的身上，我们看到了一位身残志坚，热爱生命的勇士，并从她的身上汲取力量：人的生命是短暂的，但是，我们却可以让有限的生命体现出无限的价值，努力使自己活得更加光彩有力。同学们，不管未来怎样，老师由衷地希望你们爱自己、爱学习、爱劳动、爱生活、爱祖国。

——写于 2018 年春

二 《学弈》教学设计与说明

（此课于2017年先后在斗门区实验小学、井岸一小、斗门区白蕉镇中心小学、韶关、乐昌等地亮相）

这是一篇励志短文，出自古代伟大的思想家、教育家孟子笔下。课文向我们讲述了一个故事，弈秋同时教两个人学习下围棋，一个学得好，另一个学得不好。通过学习这篇课文，我们懂得学习要专心致志，才能学有所成这个简单的道理，尤其对当下在校学习的孩子们来说更为重要。

这篇课文我先后在金湾、斗门、韶关等地上过公开课，今天晒一下我的教案及说明。

教学目标

1. 能根据课后的注释疏通全文，了解故事内容。
2. 正确、流利、有感情地朗读课文。背诵课文。
3. 理解重点词句，领悟文中所讲的道理。
4. 初步感受文言文的特点，激发学习文言文的兴趣。

其中重点是第2点和第3点。

教学过程

◆目标清晰，过程要做实，有效，妥善处理好“教师为主导，学生为主体”的关系，把课堂交给孩子们。所以，我才用了“闯关形式”，来激发、调动学生的学习积极性，共设五关：

（一）趣味导入，先声夺人

1. 趣味导入关；2. 熟读背诵关；3. 读懂知行关；4. 课堂练习关；5. 总结运用关

师：今天，老师跟同学们一起学习一篇文言文。齐读课题，知道题目的意思吗？

生：略。

师：请同学们看“弈”字（出示“弈”字图片）。“弈”字是形声字，上面“亦”表音，下面“廾”读“gǒng”，部首，表意，现在写作“拱”，形体像两只手，双手捧物。两只手捧着棋子，表示下棋一着一着进行，直到分出胜负为止。下棋也叫对弈，或者博弈。这就是我国汉字的魅力所在。

师：这是古代教育家孟子写的一篇文章，短小精悍，仅有70个字。单着眼于课文题目，你就想知道什么？

师：谁学下棋？谁教学生下棋？学得怎样？（PPT显示），这些简单的问题，我相信同学们一会儿在朗读好课文后都会一一找到答案。

（二）“读占鳌头”，品味文韵

◆这关重点是通过各种形式有效的朗读，如自由读、个别读、小组读、齐读、范读、尝试背诵，最终达至“熟读成诵”。

这一关十分重要，这跟老师的有效指导与范读有很大的关系。

师：学课文尤其是文言文第一招——读正确、读流利（PPT）。

先自由朗读一遍课文，如果遇到不会读的字请请教字典或身边的同学。

开始——

师：谁带头朗读课文给大家听听？（拿着课文读）

生 1：略

师：相机指导

师：谁能比他读得更好，站起来，挑战对方（或者由你请一个同学朗读课文）。

师：请同学们看 PPT（带拼音有斜杠线），这样会读得更好，注意斜杠线，表示要注意停顿。现在，看谁能当小老师，范读一次给同学们听。

生：略

师：相机点评、指导。

师：听听老师读课文，好不好？请专心听，边听边心里试着跟着老师，看看老师读书的语调、语气跟你们有什么不同。

师：同学们，能像老师这样朗读吗？好！开始，自由读，试一试。

师：检查——个别读——齐读

师：这样，还会读吗？谁来——（PPT，没带拼音）

生 1：略——齐读

师：我听说，古代人是这样看书、读书的（出示 PPT：没标点，竖排，从右念到左），这样的话，你们还会读吗？（加点气氛，放点背景音乐）

师：我还听说，古人生活节奏不像我们今天那么快，从前慢，所以，朗读的语速有点拖腔，有时还摇头晃脑地读书，你们还会吗？老师试读第一句，你们接着读下去，好不好？

师：其实，刚才的读是为了这个而来的（出示 PPT，提示背诵），从读熟到最终会背诵。会背诵吗？谁带头？

师：会背诵的请站起来背诵给大家听。

（三）知行合一，感知文趣

师：刚才第一关“朗读、背诵”基本过关。接下来，准备第二关“读懂”了吗？

师：是否读懂，先挑战第一关，回应之前提出的问题。

PPT：谁学下棋？谁来教他们俩下棋？

师：老师有点不明白，你从哪一处知道是弈秋教他们？

师：“使弈秋诲二人弈”，用今天的话来说——（生 1），“诲”字是什么意思？你怎样知道？（文中注释）

师：老师又有一点疑问：为什么会请弈秋当老师？

师：出示 PPT——“弈秋，通国之善弈者也。”

（不仅提醒学生借助注释，还要结合课文插图来读懂课文）

师：这句话，用现代文来翻译的话，该怎样说——

师：如果小芳是全班最会唱歌的人，用文言文来说，该怎样说？——“小芳，通班之善歌者也。”（PPT）

如果小兰是全市最会跳舞的人，古人又怎样说：小兰，通市之善舞者也。（PPT）

◆这个环节其实就是让学生通过白话文与文言文之间转换，有助于提升学生语言实践能力，增强学习的趣味性。

师：我们再来回应之前提出的另一个问题——他们俩学得怎样？

师：课文哪一句话可以回答了这个问题？（PPT）

师：为何“虽与之俱学，弗若之矣”？

师：板书——专心致志——学得好；三心二意——学不好

师：还可以用哪个词代替“专心致志”？还可以用哪个词代替“三心

二意”。

（其一人：专心致志、聚精会神、一心一意、全神贯注、心无旁骛；另一人：三心二意、漫不经心、一心二用、心不在焉、心猿意马）——发展学生词汇量。

师：有人说，后一个学得不好，是因为他的智力不如前一个，对吗？从哪一处可证明你的观点。

师：“为是其智弗若与？曰：非然也。”

古代的孟子是这样说的——（指1生念）；

现代的孟子是这样说的——（指1生说）。

师：我也认为不是智力问题，你呢？（指1生），那是什么问题——板书：乃态度也。

师：学到这，我想听听你们的看法——这个故事对你有什么启发？

生1：略

师：小结——其实啊，学习成绩好与差，很大程度上乃取决于态度，而非智力，取决于一个人的学习态度，而不是其智力。用文言文来说的话：非其智弗若与，乃其态度弗若与。所以，如果想要学习好的话，请你做到：（齐说——专心致志），堂上，听课要——专心致志，唯老师之为听，不能老想着——（接着自由讲）。

（四）堂上练习

一人虽听之（老师的教导）

思援弓缴而射之（天鹅）

虽与之俱学（指代“他”）

（五）总结学法与运用

1. 熟读成诵；

2. 借助注释，了解大意；

3. 借助插图，帮助了解；

4. 多读积累，增强语感；

5. 了解背景，帮助理解。

推荐自学：《伯牙绝弦》《两小儿辩日》《郑人买履》

三 统编教材《白鹭》（五上）讲课稿

（此课于2019年先后在斗门区实验小学、井岸一小、白蕉中心小学、金湾区航空新城小学、珠海体育馆亮相）

（一）解读教材

《白鹭》是我国著名作家、诗人郭沫若先生写的一篇语言优美、隽永、寓情于物的散文。它被选入统编教材五年级上册的其中一个单元。

当我第一次拿到统编新教材看到这篇课文时，就十分喜欢它，美美地朗读一遍，并做出一个决定：我要面向我区小学语文老师上好这一课，于是，于2019年11月，先后在斗门区实验小学、白蕉中心小学、金湾区航空新城小学、珠海体育馆等地上这一课的公开课。

这篇课文描写了白鹭的外形和觅食、栖息、飞行时的美，表达了作者对白鹭的喜爱和赞美之情。

课文给予我最大的感受就是：语言美、画面美、意境美，充满诗情画意。

在此，我朗读课文其中一个片段给大家听听——“晴天的清晨”至“白鹭实在是一首诗，一首韵在骨子里的散文诗”。

（二）教学目标

基于我对课文的解读与统编教材的编写意图，我问自己，我该教给孩子们什么？经过反复思考，我定下了自己的教学主要目标：着力通过有感情的朗读、背诵、补白、想象、对话交流等方式激发学生学习兴趣，培养学生语感，体会作者所表达的思想感情。

（三）教学设计

如何达成教学目标，打造高效的课堂？我重点设计了这样的教学模式：

“初读感知、理线寻眼”—“精心朗读，品味语言”—“读、悟、写相结合”—“拓展延伸、升华主题”（简称“四步曲”）。

1. 初读感知，学会找“文眼”。

通过初读，教给学生学会根据线索找到课文尤其是散文的文眼。《白鹭》的文眼在于课文前后呼应的那句话：白鹭实在是一首诗，一首韵在骨子里的散文诗（课文最后一句）。

2. 赏读，品味语言。

（1）通过有感情朗读，赏读与补白、想象，一方面培养学生的语感，积累语言，另一方面让学生感受到白鹭在不同的场景所展示出来的美态。板书：如诗、如画、如歌，韵在骨子里的散文诗。

（2）着力通过指导学生学习“外形描写”和第一幅画面“钓鱼图”这两个段落，掌握学习散文的方法并运用到余下两幅画面“枝头闲立图”和“黄昏低飞图”这两个段落，从而体会到白鹭在不同的场景中所展示出来的美。

3. 读、悟、写一条龙，体现读写结合。

本环节重点通过设计一些富有思考价值的问题让学生充分展开对话交流，从而感悟到作者不仅仅对白鹭喜爱和赞美，还流露出自己的心中追求与向往。如：（1）白鹭孤独地站立在枝头。人们说它是在放哨。可它真的是在放哨吗？（2）你是怎样理解“白鹭实在是一首诗，一首韵在骨子里的散文诗”……

又比如，在学习“黄昏低飞”这场景时，我特意设计了这样一道改写诗句的练习：根据“落霞与孤鹜齐飞，秋水共长天一色”这一诗句，结合课文，现改写成：“落霞与（群鹭）齐飞，秋水共长天一色。”

4. 拓展延伸、升华主题。

基于语文学习立足于“课内打基础，课外求发展”以及“海量阅读，积累语言”的教学理念，我结合本单元读写重点，推荐学生课外阅读郭沫若代表作《天上的街市》《地球，我的母亲》等文章，为将来的初中学习夯实基础。

板书设计：　　　白鹭

爱
- 如诗——一首韵在骨子里的散文诗
- 如画
- 如歌

教育科研：促进教学质量提升之引擎

2019 年 11 月 20 日，受广东省教育研究院教研室之托，在珠海北师大报告厅为全省小学语文骨干教师（含教研员）做了一场报告，报告的主题是《教育科研，教学质量之引擎》。

众所周知，教而不研则浅，研而不教则空。这句话的前半句告诉我们，从事教学一线的老师如果不参与教育科研则仅停留在肤浅的层面上，或者说仅是一个普通的老师而已。后半句则揭示另一个问题，就是如果一个从事科研的老师不深入教学一线只能成为一个空想家，不接地气。整句话很明显告诉我们，教、研不分家，要融合在一起，才能更深入、更有效地开展教学研究，促进教师科研能力不断提升，从而提高课堂教学效果。今天，我之所以选择这个话题跟来自全省各地学校骨干老师分享，一方面是因为我教育科研管理与实验研究有着丰富的经验，分管斗门区中小学教育科研工作有着十多年实践与思考，主持、参与了多项国家级、省市级教育科研课题实验并得以顺利通过结题。另一方面想借此跟大家分享，旨在抛砖引玉。

我们自然而然会想到一个问题，就是到底教育科研对学校、老师会带来什么作用如此吸引老师和学校。其实，我们不可否认坊间所说的也许会因为教师职称申报所需硬件之一而撬动起老师选择课题研究。可是更多的因素是因为学校和老师的发展离不开教育科研所赋予的能量，所以，我称之为教育科研乃促进学校教学质量与教师专业发展提升之引擎。

首先，从个案来看，优质学校在教育科研方面远比普通学校重视得多，强盛得多。他们都认识到学校质量的提升亟须科研助力，好比企业要发展需要科研力量来推动创新，科技是第一生产力。通常优质学校都会组织名师、骨干队伍根据本校教育教学中所存在亟须解决的问题与困惑展开立项研究，寻求破解方案。在现实中，你会发现有立项研究跟没有立项研究，经过两年会情况大不一样。一些长期以来没有得到破解的问题会经过课题实验研究后得以解决，从而迎来一派光明，教学质量也随之而提高。

其次，从教师个人成长角度来看，教育科研是一个老师成长的助推器。正所谓“教而不研则浅”，就说明如果一个老师只停留在常态教学中而不投身于教育科研立项研究，那么，其教学水平与教学能力只会在肤浅的层面徘徊。所以，我们鼓励老师要在立足于常态课堂教学的同时，根据自己在教育教学当中所碰到的问题或困惑，结合当下新课标、新理念积极参与课题立项实验研究中去。试图通过实验研究，有效破解在教学工作中所遇到的一些困难与问题。这一举措一旦奏效的话，会收到一举多得之效果。一方面在实验研究过程中，自己的科研能力得以提升，另一方面参与实验的学生受益匪浅，还有一方面就是有效地促进学校教学质量提高，促进学校教学工作内涵发展。

在这里，我还想谈一下大家较为关心的一个问题，就是如何撰写课题名称。因为在管理教育科研工作中，我常发现有些老师在这方面犯愁或出现一些问题。

如何撰写课题名称？很多时候，我们在审核学校老师提交参评的课题立项申报书时，常常会发现主持人在提炼课题名称时出现毛病，如字数太多、逻辑不清、炫文采等，所以，通常都会被评委刷下去，为此，就如何拟好课题名称谈几点看法供老师们参考使用。

通常确定课题名称有下面五种模式，分别是：

模式一：研究对象 + 研究内容 + 研究方法

例 1：小学数学教学方法优化的实验研究

案例中的研究对象就是：小学数学；研究内容是：教学方法优化；研究方法是：实验研究。如此类推，我们不妨思索以下几种模式的构建元素。

模式二：理论依据 + 研究目的 + 研究方法

例 2：运用多元智能理论激发学生学习兴趣的案例研究

模式三：理论依据 + 研究对象 + 研究内容

例 3：基于建构主义的小学英语课堂教学模式的研究

模式四：研究对象 + 研究手段 + 研究目的

例 4：初中数学利用变式练习巩固学习效果的研究

模式五：研究背景 + 研究对象 + 研究内容

例 5：新课程背景下小学语文教学设计研究

同样，在提炼课题名称时，注意别犯六大禁忌，分别是：

1. 喊口号

如：唤醒主体意识，激烈主体参与，精彩总在反思后……

2. 炫文采

如：实验设计让学生的思维张开翅膀……

3. 用问句

如：作业量对小学生数学成绩有何影响……

4. 擅做价值判断

如：小组合作学习是提高课堂教学效率的关键……

5. 字数太多

如：中华经典诗文诵读与民族优秀文化传承、民族精神文化研究……

6. 有逻辑错误

如：初中化学实验课研究与实验……

其实，教育科研实验过程就是教师专业成长过程。其间，得到科研专家理论指导，同时又亲历了至少两年的实验研究，积累了一定的经验，有效地提升了自己科研水平与能力，从而促进自己从一个普通老师走向优秀甚至卓越。可以说，教育科研是促进教学质量提升之引擎。

——2019 年冬

读与写的“不期而遇”

——谈谈统编小学语文教材读写结合的有效策略

（本文发表于《小学语文教学》2021 年第 7 期，略做修改）

摘　要：根据《义务教育课程方案和课程标准（2011 年版）》（简称《新课标〔2011 年版〕》）指示：“提高学生语言文字运用力，把教学重点放在对课文阅读理解与写作训练上，注重学生语言表达。”统编小学语文教材以此为基础安排“习作单元”和“阅读策略单元”，可谓一种新的创举，让语文教学的读与写不期而遇。教师以此作为教学基准，探究统编教材小学语文教学新突破，围绕五位一体新板块，传统单线教学变为双线交融；让写作技巧由明到暗，教学过程从短变长。当前小学语文读写教学还面临一些问题如课堂教学形式单调，读写分离成日常；学生对读写缺乏兴趣，读写能力低下等问题。围绕相关问题先是紧扣语文核心要素，让读与写不期而遇，加强读与写的交融，巧搭读写结合巧妙的“缘分”，整合课内外读写资源，提升学生读写兴趣。

关键词：统编教材；小学语文教学；读写结合；教学策略

叶圣陶先生说：“阅读是吸收，写作是倾吐。”《新课标（2011 年版）》指出：“语文课程致力于培养学生语言文字运用能力，提升学生的综合素养。”统编小学语文教材从三年级编排“阅读策略单元”和“习作单元”，对比人教版教材来说这是一种创新。以“习作单元”为例，体现当前小学语文编者的导向——“读写结合”特征，“阅读介入写作，指导写作目标，以读促写”。在这一教育理念指导下，深挖教材中所蕴含语用要素，教师需要体悟编者意图，结合当下最新研究成果，培养小学生语文核心素养，提升学生的语言文字运用能力。

一、统编教材小学语文读写教学新突破

（一）五位一体新板块，传统单线向双向交融

多种版本小学教材编写体例中，阅读与写作常常在同一单元内，在课程教学安排上有一定的交叉，但内在联系并不紧密。统编小学语文教材习作单元策略在编排上呈现五位一体的格局，分别是“精读课文”“交流平台”“初试身手”“习作例文”“习作”等一个综合性教学过程。“精读课文”教学中心围绕写作技巧，这与其他单元课文以阅读理解，引导学生具体阅读方法，体悟作者思想感情略有不同。习作单元的精读课文其目标是“以读促写”，让教师带领学生学习写文技巧与表达方法。接下来的交流平台，进一步对“精读课文”采用对话形式，总结出这个单元重点写作知识与表达方法。当进入习作板块之后就是初试身手，这个阶段是学生完成“精读”之后尝试片段式写作，这是阅读向写作有效的迁移。习作例文选取文风不同的课文，用批注的方法，让写作技巧用直观形式呈现在学生面前。习作板块是一个立体化写作综合过程，给予学生更多写作空间，呈现一个多维度发展趋势。小学语文教学中传统读与写二者都是单线条教学，二者关系联系并不紧密。而以读写策略为指导的习作单元不是单向的“为了读”或者“为了写”，用一种读写共享学习理念扭转单向教学的狭隘性。统编小学语文教材的习作单元正使用全新编排体例与全新教学模式，让读与写不再分割板块，让二者

有效交融在一起。[1]

（二）写作技巧从暗到明，教学过程从短到长

传统小学语文教学单元围绕阅读课文为主，写作知识作为一个小“插曲”。而统编教材用一个单元体例来呈现写作技巧教学，用精读课文明晰本单元写作技巧，用平台交流方式让学生尝试模仿式写作。当学生经过初步写作训练之后，并掌握一定写作技巧，就可以开始整篇式写作。习作例文中写作技巧展示呈现丰富性与多元性，从而让写作知识内容不再抽象，这样学生在写作过程中能够将知识内化为谋篇布局参与写作策略。传统写作是一个由想到写的小回合，而统编教材写作单元变成由读到想再到写的循环；整体写作过程从“短”变成“长”，让写作知识不断深化、不断聚合、不断形象化，教学过程由静态走向动态，充分展现了写作知识转化为写作核心素养的完整过程。

二、当前小学语文读写教学问题之我见

（一）课堂教学形式单调，读写分离成日常

随着新课改颁布统编小学语文教材中读写结合策略已经融入日常教学，但是学生对于写作与阅读还是心存畏惧，同时很多教师认为读与写内在联系不紧密。小学语文课堂中的阅读课或者写作课是师生眼中的“眼中钉与老大难”，教师更不会把这两类难度系数极高的教学板块融合在一起。学生认为写作课无法结合自身兴趣点，教学方法落后，让整个课堂枯燥无味，学生在日常课堂上无心思与教师“亲密接触”。通过以上原因分析，得出结论——小学语文课堂互动难，这是当下制约小学语文读写结合教学面临的“课堂困境”。

统编教材读写策略反映出我国小学语文教学实践中，更倾向于课本内容

讲述与解读，相关的写作方法、写作思路与写作技巧教师讲述较少，教师常常会让学生多多做写作，批改中发现学生写作问题。这种读写分离讲解导致小学语文课堂阅读与写作联系不紧密，结果让学生学习单元课文之后，只是熟悉课文内容与情节，学生写作能力却没有提升。

（二）学生对读写兴趣低，读写能力低下

以笔者所在教学区进行调研，有 50% 的学生会在父母监督下读一本书，有 30% 的学生会抽一定时间读一本书；有 20% 的学生偶尔会读一本书。对所在班级写作情况进行调研也不容乐观，对看图写话或者对记日记感兴趣只有 30%，70% 的学生不爱写作，日常读写活动只是教师布置课堂练习与作业，他们不会主动观察生活与记录生活。由此可看，学生对读写兴趣低，学生实际读写能力不能提高，语言表达缺乏真情实感；阅读文学作品时，只是关注课文内容，学生与作品之间缺乏共鸣。

三、统编教材小学语文读写教学结合策略

（一）紧扣语文要素，让读与写不期而遇

统编小学语文教材从三年级开始设置习作单元，让传统语文教材中写作训练板块从零散状态最终统一起来，用严谨的学术思维让读写结合板块形成完整教学单元。同时，统编本教材体例编排注重语文核心要素，包括对语言的读与写基本方法、基本能力与学习内容等方面。在开展小学语文读写时需准确把握单元语文要素，还需要注重精读课文与习作例文之间关系，找准切入点，从而促进学生读写能力提升。统编小学语文教材三上六单元主题围绕人文元素“赞美壮美的山河”，其中语文要素揭示两个方面：一是“阅读作品中的关键词去理解一段话意思”，二是“习作中围绕一个中心去表达”。这两个语文要素通过阅读理解和习作表达出对文章核心思想这一本质的把

握。接下来在交流平台上延续语文要素，文章开头用一段话叙述全文中心意思，后面内容围绕这一段话展开。所以教师在开展习作单元学习时，紧扣语文要素，在学习精读课文带领学生寻找文章关键词，学习习作例文时有意识尝试围绕一个要素去写好一段话。[2]

（二）加强读与写的交融，巧搭读写结合的“缘分”

根据《新课标（2011 年版）》指出：“写作教学需要贴近学生生活实际，借助写作让学生关注现实，表达对生活的热爱。”阅读教学中巧妙融入读写结合训练，让学生一边贴近生活，学会观察，一边让学生模仿优秀例文写作。这一安排符合学生心理发展，因为儿童十分善于模仿，充分借助教材中优美语句段落的训练，作为学生读写训练范本，让学生小练身手，以阅读中的积累与生活的感悟开展写作，激发学生对写作的兴趣。这种边读边写相结合的方法，有助于读写交融，搭建读与写的内在缘分。

1. 抓阅读之眼，立写作之意

好作品、好文章都有一个共同的特点，那就是有一个非常棒的标题。标题就像美人的双眸，能够让读者一见钟情。学生常常提笔写作时，光是习作拟题就会让学生痛苦不已，常常是自拟标题离题或偏题。教师想让学生掌握拟题技巧性，让学生阅读不同类型的文章作品是非常有必要的。以统编小学语文四上课文为例，第一单元中《走月亮》《繁星》《观潮》这是以事件拟题，第四单元《盘古开天辟地》《精卫填海》《普罗米修斯》是人物拟题，通过这些优秀作品拟题方向加以分析，让学生联系自身生活实际，分小组进行文章拟题训练。有的学生选取父母之爱作为立题，如爱如山河——我的父亲，爱恨交加——论我的老妈。教师先收集全班同学所写题目，然后分小组评比，帮助学生掌握写作拟题的技巧。

2. 感悟作品写作妙处，运用仿写提升写作能力

好的作品常常能够引起读者共鸣，融入作者对生活真实的感悟，让读者

联想生活中人和事，读者产生感触、感悟与联想，再把感悟融入写作就是日记与读后感。读后感和日记是进行读写融合训练绝佳的写作方式。教师先带领学生选择优秀的“精读课文”进行分析与学习，拿捏仿写的关键点。如四上一单元课文《观潮》其中描写最为优秀的是第二自然段和第三自然段，如“从远处传来隆隆响声，好似闷雷滚动，顿时人声鼎沸”。教师先让学生读一读、品一品其中优秀的词、句、段，如“闷雷滚动”“沸腾”，在品读课文中感悟用语的妙处。第三自然段中用排比的手法展现钱塘江海潮壮观之景：“只见白浪翻滚……犹如千万匹白色战马齐头并进，浩浩荡荡地飞奔而来；那声音如同山崩地裂，大地好似惨烈颤抖起来。”气势磅礴的潮水在作者笔下展现形象且生动，我们如何借鉴此等妙笔，这就需要在教师带领下让学生去感悟。先让学生尝试观察生活中最为熟悉的事物，然后借助优秀的范文吸收写作手法，让学生去品读和模仿写作，久而久之，学生就从感悟中找出写作捷径，提高学生的读写水平。[3]

（三）整合课内外读写资源，培养学生读写兴趣

学生年龄阶段成为教师展开读写结合教学依据，逐步培养学生读写兴趣。兴趣是学生最好的老师，调动学生表达的积极性从而达到促读促写的目的。教师根据小学生年龄特点，合理整合课内外资源，提升学生阅读兴趣。课内精心设计阅读方法，如跳读、默读、朗读等，其最终目的是培养学生自读的习惯，同时结合阅读单元的策略。从三年级到六年级的教材上册均安排了阅读策略单元，分别是预测、提问与提高阅读速度、有目的阅读等方面，借助这些阅读策略让学生学会用批注去阅读，带着问题去阅读，边思考边进行阅读。课内资源可谓读写教学借鉴的宝库，根据学生相应年龄推荐小学生阅读课外读本进行自读，这些自读课本以童话与寓言、科幻故事为主。如以统编教材六上《少年闰土》这一篇课文，闰土活灵活现的形象给学生留下了深刻印象，教师以课外节选篇目《中年闰土》作为阅读练习布置下去让学生自读。教师可以借助新媒体媒介如 QQ 群与微信群进行课外讨论，同时教师还可以在群里分享一些与课文相关的图片、视频，还可以借用思维导图展现闰土在少年与中年的形象变化，让学生画一画，写一写。这样可以让学生更为直观理解课文，还能锻炼学生动手能力。[4]

总而言之，统编小学语文教材中实施的习作单元读写一体化教学，重点把握所在单元写作策略，把“精读”课文作为单元教学核心，在交流平台中归纳写作技巧，在习作例文中让学生小试身手，在习作中让学生勇于表达。围绕语文核心素养，坚持读写策略，以读促写，坚持系统化训练学习，学生读写能力会得到进一步提升。

注释

[1] 吴勇 . 习作单元：“读写结合”教学的新动向——小学语文统编教材“习作单元”的教学认知与实践策略 [J]. 中小学教材教学，2019（4）.

[2] 徐如松 . 整体关照　读写结合——统编本教材三年级上册单元整体读写一体化策略初探 [J]. 江西教育，2019（32）.

[3] 梅国娟 . 读写结合在小学语文的实践与应用 [J]. 语文课内外，2019（7）.

[4] 黄佩培 . 小学高年级语文以读促写教学策略研究 [D]. 石河子大学，硕士论文，2020.

基于绘本阅读在小学语文阅读教学中的应用

（本文发表于《课外语文》2018 年第 7 期）

摘　要：小学语文中阅读教学是整个语文教学的重要环节，帮助学生打下良好的阅读基础，对学生今后的发展具有十分重要的意义，并且在此过程中能够提升学生个人的素质修养，促进学生全面发展。本文主要对绘本阅读在小学语文阅读教学中的应用进行分析研究，希望能够为教学工作者提供一定的参考依据。

关键词：绘本阅读；小学语文阅读教学；应用

在当代社会，随着教育事业的不断发展，绘本阅读已经在小学语文阅读教学中得到了广泛应用。绘本，具体指的是图画故事书，其中最有特色的是图文并茂、语言浅显，在小学生当中属于比较常见的阅读形式。优秀的绘本就像是一座连接学生阅读和表达、阅读、写作之间所架接起的桥梁，也是小学生进行语言学习的重要范本，可以让学生通过对绘本的模仿逐渐掌握写作、语言表达技巧。优秀的绘本能够在一定程度上对学生的想象力、语言表达能力、审美能力起到促进作用，进而提升学生的语文综合素养。所以，在小学语文教学中开展绘本阅读是十分重要的，具有较为深远的意义。

1. 小学语文绘本阅读的重要作用

（1）开展绘本阅读教学可以在一定程度上激发学生的阅读兴趣。因为绘本阅读不仅仅是单纯的语言文字描述，其中还夹杂着生动、形象、具有趣味性的插图，使得学生可以在此过程中集中注意力，帮助学生养成良好的学习习惯。与此同时图文进行配合可以将故事更加表达完整，并且因为文章普遍篇幅较小，通过插画和文字的相互补充，可以很好地达到教学效果。

（2）可以使学生的想象力进一步得到提升。因为绘本在对故事进行讲述时，通过文字和插画之间的相互配合，能够达到一定的理想状态。并且在此过程中，主要是通过寓言的形式将中心主旨通过细小的事情进行描述，使学生可以通过这种方式得到一定启示，受到人格熏陶。其中更为主要的是，在对文章进行表达时会做出留白，留下一定的想象空间，让学生可以充分开动脑筋，领会故事中所要表达的道理，这样做不但能够从中获得价值观教育，还能够充分发挥学生的想象力和思维力，进而为学生今后的发展奠定基础。[1]

（3）有助于加强学生的课堂积累。在小学语文学习过程中，作文学习是必不可少的一个重要环节和内容。但是部分小学语文教师在开展语文教学过程中，多数学生的写作内容过于贫乏，不够充实，这种现象的主要原因是因为学生的阅读量难以符合语文发展需要。因此只有具备一定的写作素材之后才能够使写作表达更加顺畅。而开展适时的绘本阅读训练，学生可以将自己的阅读素材进行记录，使学生在长期积累之后，拥有了大量的写作素材，这对于学生今后的写作发展具有十分重要的影响。

（4）可以帮助学生树立正确的人生观和价值观。一本好书，可以让学生在阅读过程中和作者之间进行情感交流，并在此过程中逐渐体会中心思想，经受心灵启迪，逐渐养成正确的人生观和价值观，使学生可以运用积极、乐观的态度面对生活中的挑战，自信地面对生活，这在无形中对学生今后的发展起到促进作用，进而让学生拥有更加广阔的未来。

2. 绘本阅读的基本概念和重要性程度

绘本主要指的是通过手绘的图画、通过文字的形式讲述一些故事情节，属于专门为儿童设计的书籍资料。[2] 绘本中的内容大多是通过图画的方式进行呈现，并且在关键的点配上必要的文字说明，将每一幅图画表达故事内容，而这种图书形式非常适合小学生阶段，能够满足学生的发展需要。一本高质量的绘本，每张图画都是精致的手绘，表达文章主旨和中心。而且文章的图画表达连贯，叙事清楚，能够呈现出一定的情境，留有一些空白，这种形式对于培养学生的思维能力是十分有效的，能够让学生感受到文字的魅力。

小学生因为年龄较小，所以对于个别字无法清楚认识。这时学生最先能够接触到的是绘本，这是学生语文发展的基础阶段，将会对学生起到一定的启蒙作用。小学生从绘本阅读中感受到的喜悦程度会影响到学生今后的阅读生活，将会对其今后的阅读喜好产生一定影响。绘本阅读的设计和益处已经经历了多重考验，已经被证明是一种非常适合小学生阅读的书籍资料，它不但能够使学生可以从中感受到乐趣，还能够进行智力开发，使学生能够受到文学熏陶。

3. 绘本阅读在小学阅读教学中的应用

（1）将绘本阅读作为媒介，激发学生的学习兴趣

阅读教学属于语文教学中的有效途径。在各阶段，尽可能地阅读和该阶段所掌握的语文知识相匹配的文字，可以在感受语文氛围的基础上，对所学的知识进行巩固，在此过程中有助于提升学生的文学素养。但是，因为小学生难以对某种事物保持长期的兴趣，所以如果让他们单纯阅读一本纯文字的书籍，显然十分困难，所以绘本阅读无疑是一种有效培养学生语文阅读的良好学习方式。[3]

例如：在《雪地里的小画家》教学中，不单单是优美、生动的语言文

字，同样的文章中还配有插图，课本中遍地的小雪花给这篇文章加上了一抹润色，使课文能够激发小学生的阅读兴趣，进而提升学生的语文阅读能力，为学生今后的语文学习奠定基础。

（2）将绘本阅读作为桥梁，营造情境氛围

在对学生进行素质培养时，提升学生的想象力是不可或缺的。一个人一旦具备了丰富的想象力，才能够对文章中的语言文字有所了解，并能够在此过程中创造出更加精彩的文学作品。绘本阅读对提高学生的想象力具有十分重要的作用，可以让学生通过文章中语言文字的描述，发挥自身想象力，逐渐营造一种温馨、轻松的学习氛围。

例如：在《妈妈的账单》课文中，譬如其中的镜头描写——彼得拟定了一个账单表，但是在某天晚上，收到母亲给他的账单之后，当他浏览一遍之后，感到羞愧，最后便将妈妈给他的报酬装进了妈妈的上衣口袋里。通过上述语言描写，可以引导学生自行进行想象。在此过程中，教师应当为学生提供自由发展的空间，促进学生的个性化发展，充分发挥学生的教学主体作用和教师的指导作用，使学生的想象力可以尽可能地得到提高。[4]

（3）将绘本阅读作为基石，丰富知识储备

在语文学习过程中，仅仅是注重想象力培养是不能够的，需要在此过程中通过文字形式加以落实，这便要求学生需要具备足够的语言表达能力，进而提升学生的文学素养。因为绘本阅读能够在一定程度上激发学生的阅读兴趣，所以教师应当抓住这一点，引发学生的兴趣点，有意识地引导学生去阅读一些符合他们的知识能力，或者是稍高于他们知识能力的绘本读物。[5] 小学生因为年龄较小而且知识储备有限，所以通过传统教学方法难以有效激发学生的语文阅读兴趣，不能够及时与学生思维跳跃、爱好鲜明的特点相适应，难免会出现知识传达困难、学生学习兴趣降低等现象。

例如：《给予是快乐的》这篇文章当中，通过对圣诞前夜，保罗和小男孩之间的相遇，在短暂的相处之后，逐渐表达出“给予是快乐的”这一中心主旨，使学生逐渐学会分享的心情，为学生今后发展起到十分重要的作用。

因此，在绘本阅读教学过程中，教师应当格外重视对学生情感取向的正确引导，尽可能地领导学生经历丰富的情感体验，并通过绘本故事的形式对学生进行情感、思想观念教育，并在此基础上唤醒学生的情感共鸣，进而达到教学目的。

4. 结束语

综上所述，绘本阅读是小学语文教学中不可或缺的重要部分，所以教师要充分发挥绘本教学的有效作用，运用其中极具趣味性、形象性的特点最大限度地激发学生的阅读兴趣和写作欲望，让学生在感受语文教学过程中，逐渐掌握写作技巧，并能够在此基础上抒发内心真实感受和想法，逐渐建立良好的人生观和价值观，为其今后的发展奠定基础，进而创造更加广阔的未来。

注释

[1] 李世元 . 绘本在小学语文阅读习作教学中的应用 [J]. 小作家选刊，2016(23).

[2] 史伟麟，许采娟 . 绘本阅读在小学中低学段语文阅读教学的应用研究 [J]. 读与写（上，下旬），2015(8).

[3] 庄婷婷 . 绘本阅读在小学低年级语文教学中的应用思考 [J]. 教育界：综合教育研究，2015(34).

[4] 侯洪鑫 . 基于绘本阅读在小学语文阅读教学中的运用研究 [J]. 教育，2017(2).

[5] 赵建伟 . 绘本故事在小学低年级语文阅读中的教学策略应用探讨 [J]. 科学中国人，2016(11X).

谈小学作文教学生活化

内容摘要：作文教学占据语文教学半壁江山，是语文教学中不可或缺的重要组成部分，具有举足轻重的作用。可当下小学作文教学的现状不容乐观。本着对当前小学作文教学现状进行分析，呼吁让作文教学回归生活，希望引导学生学会观察、体验、思考生活，赋作文以生活的气息，提高学生写作能力。

关键词：小学；作文教学；生活

每次的作文，出现的问题五花八门，学生要么胡编乱造、虚情假意，要么东拼西凑、敷衍了事，有的为了骗取高分，甚至编出从未有过的“故事”！

出现这种情况，追其根源主要是学生脱离生活，缺乏丰富真切的生活体验。从《语文课程标准》提出的“多角度地观察生活，发现生活的丰富多彩，捕捉事物的特征，力求有创意地表达”这一观点，我们不难看出，作文是生活的需要，符合生活需要的作文才具有生命力。基于此，作文教学要真实地展现学生生命的本色，要生活化。只有紧密联系生活实际，留意身边发生的事，留意人人关心、人人想说的事，才能写出真情实感的、打动人心的文章。

一、走进生活，观察生活

多观察，广泛接触丰富多彩的人类生活，发现生活中的真、善、美。生活是写作的源头活水，要生动地反映生活，就一定要细致地观察生活。

1. 随时捕捉到“闪耀”的生活素材。

学生要写出内容充实、生动活泼、富有感情的作文，就要收集、积累大量的生活素材，也就必须培养他们乐于观察、勤于观察的良好习惯，使观察周围事物成为生活的一部分。《教室里的新发现》《听，这世界多美》这些题目，引发了学生观察的兴趣，让学生知道：生活中不缺少美，而在于缺少发现。

2. 创设生活，协同感觉，发挥想象，体会观察的乐趣。

教师要“做生活的有心人”。为了激发学生观察兴趣，要把生活中的许多东西引入课堂。比如写水果时，可以请学生把各种水果带到课堂上来，让同学们看一看、摸一摸、闻一闻、尝一尝、说一说，这样写出的文章一定是真实的。观察需要各种感官的共同协作，要常教学生，利用“眼耳口鼻手心”进行观察。例如在一次的观察训练中，我拿出一朵玫瑰花，问：“看到这朵花，你想到什么？”学生充分调动各种感官，通过视觉，了解玫瑰的形状、颜色、姿态；通过嗅觉，闻到它的花香；通过触觉，摸到它的实体；通过味觉，尝到它的滋味；通过想象，知道了“花朵在比美，蜜蜂来采花蜜，春天来了，秋天的丰收……”这样，学生就能从生活中撷取大量的信息，从而充实自己的写作题材库。

3. 让观察成为生活的一部分。

为了激发学生的观察兴趣，便于学生随机观察、记录，要让学生每人动手制作一个袖珍式的、趣味化的观察本，让学生自己积累写作的素材。观察本的封面自己设计，可以贴照片，画图画，还可以写上自己最喜欢的名言。

学生随时随地都可利用观察本做观察记录，把自己看到的、听到的、印象深的内容记下来。写作前，教师也可有目的地布置学生进行观察、积累。这样，学生观察、积累的内容，就会越来越丰富，到了真正写作文的时候，学生就不会感到无话可说，无东西可写了。

二、搭建桥梁，积累生活

“为学之道在于厚积而薄发”，这句古语道出了积累的重要意义。作文是通过文字形式表情达意。由于生活体验少了，即便有丰富生活体验的孩子，又因平时缺乏语言材料积累的指导，使得每一次的作文课，成了老师与学生“苦恼课”。有的学生口述作文的能力很强，但文字表达能力很差，翻来覆去就那么几个词，毫无生机。小学生多数没有积累语言的习惯，不善于将日常生活中的点滴小事记录下来，等到要写作文时搜肠刮肚也没有材料来写，有时找到一个生动典型的材料，却又无法用准确生动的语言将其表述出来。“巧妇难为无米之炊”，我们在学生作文指导中应注重学生的生活积累，要求学生广泛阅读课外书籍，多读书、读好书，获取间接经验，积累语言。

1. 学会在阅读中积累。

梁启超曾说：“阅读是写作的前提和基础，要指导学生作文，首先应教会其如何读书。”的确，阅读与写作是密不可分的。教师应引导学生多看适合他们年龄、社会阅历阅读的各种书籍，例如诗歌、寓言、童话、小说等，阅读的内容和范围不做限制，越广泛越好。

2. 学会在摘抄中积累。

让学生准备一个“采蜜本”，遇到好的词语、句子或者段落及时摘录下来，牢记在脑海里，随时积累写作素材。

3. 学会在创作中积累。

让学生根据平常的生活，自由命题，自由创作，体裁字数不限。这样，“阅读—积累—创作—再积累—再创作”，久而久之，学生积累的素材多了，习作时就有事可写了，作文自然而然也会是一件快乐的事了。

三、自由表达，描绘生活

生活化作文教学通过创设一种轻松、愉快又富有刺激性的教学情境来激发学生的表达欲望。它是一种与社会、校园、家庭紧密相连的作文教学，它的整个实施过程实际就是把学生从应试教育中脱离出来做生活的主人。贴近生活，写学生自己想写的东西，写生活中的热点、焦点，才能有效地消除学生厌倦作文的心理负担，为作文教学添注动力与活力。因此，我们应该从“生活”出发，去寻找一种与新课程标准相协调的快乐作文新思路，给学生提供自由的空间，消除学生的恐惧心理，引导学生愿写、乐写、会写。

1. 绘写一体，激发学生兴趣。

小学生对画画非常爱好，在接触新事物或自己感兴趣的事情时，总会情不自禁地想画出来。教师要利用这一点因势利导，在作文教学中有目的、有计划地指导学生观察事物，在头脑中建立内容丰富的资料库。如让学生老写周记，不免枯燥，于是我便让学生尝试写“绘画日记”，学生可以挑选自己喜欢的画面剪辑、临摹或创作，最后用自己的语言描述这幅画的意思。这样，融绘画与写作于一体，学生做起来就会有滋有味。

2. 教材与生活相结合，拓展作文途径。

学生的素质是有差异的。在同一个班里，难免有些学生说起来眉飞色舞，滔滔不绝，写起来却一筹莫展。这种说写不一的现象，关键在于学生并不真正明白作文就是“我手写我心”，总以为要有一套写作技巧，所以在平时的阅读教学中，我们要巧用教材，合理进行习作练习，打破作文的神秘感，让读写巧妙地结合起来。例如在教《北京的春节》后，可让学生回忆过年的情景，写一篇《年的味道》；在学完《别饿坏了那匹马》一课后，可引导学生根据生活展开丰富的联想，列举出诸如“妈妈不爱吃鸡大腿”“我不累”“味道好极了”这类善意的谎言，从中发现生活中的真善美。这样的写作活动，让学生们尽情开掘写作资源，寻觅写作素材，催生写作激情，是《语文课程标准》积极倡导的新理念。

3. 鼓励学生写生活日记。

把生活中自己认为有意义、有趣的、感受深的事物记下来，并把有新意的题材给学生讲评，从而启发学生要善于留心观察生活，从生活中汲取作文材料。

4. 生活体验和自由想象相结合，放飞学生个性。

童话写作是将生活体验和自由想象相结合，放飞学生个性的最佳途径。童话来自生活，更来自生活中的想象。通过童话，不仅可以开启学生自由表达生活体验和情感的大门，还可以培养他们的想象力与创造力。儿童是最富于想象的。孩子们的脑子里有的是奇思妙想，而这些往往被压抑着，无法痛快淋漓地宣泄出来。如果一旦被激发出来，是很难遏制的。可以说，只要教师提供一个足以广大的空间，孩子们一定会插上一对想象的翅膀，去遨游世界。

有这样一位学生，凭着自己丰富的想象力写出了一篇长篇童话小说《信中信》。在她的影响带动下，有很多学生也开始尝试从未有过的挑战——写童话连载故事或想象连载小说，有《蜗牛妞妞历险记》《孙悟空找工作》《三国故事新编》，等等。这些都是在生活体验和生活经验的基础上进行的思维活动。

5. 关注社会，触摸时代的脉搏。

社会是所大学校，它具有广阔的空间。因此，那些社会上的热点、焦点问题值得我们引导学生去关注。比如“皮鞋很忙”“毒食品”等话题，我们可以拿到作文课上讨论，问：皮鞋去哪里了？明天我们还能吃什么？课堂气氛特别热烈，不少学生感觉原来身边材料这么多却被自己忽略了，于是学生用最喜爱的文体反映他们最关注最爱写的内容。学生在作文中展示自我，表现自我，“痛苦写作”也就变为“快乐写作”了。

四、评价交流，感悟生活

作文讲评是对学生写作实践全面检查分析的总结，对学生写作具有重要意义。据资料表明，学生尤其是小学生，大都喜欢上讲评课，它既是师生思想认识上的交流，也是情感的交流，是学生期待的一次重要信息反馈。学习写作有一个过程，不可能有立竿见影的效果，当学生进行一段时间的艰苦练习之后，如果看不到什么成绩，得不到老师的肯定与鼓励，就会逐渐丧失信心，把作文练习当成一种沉重的包袱。为了保护学生的写作积极性，教师要采取多种形式激励他们，让评价走向生活化，让学生感受成功，体验成功乐趣。

1. 多元评价，让评价走向生活化，激发习作热情。

多元评价，指评价者的多元参与。主要通过自评、互评、联评、教师评来进行，还可请家长评价，使家长不再是学生学习的旁观者，并能通过评价了解自己的孩子，与孩子沟通。

特级教师于永正曾说过：“准备一百顶高帽，送给学生。”这对我们作文评价的启发特别大。采用赏识评价，能为各类不同学生创设成功的快乐。在作文评价时，作文不仅与同学比，更注重与本人以往的习作比。只要学生在原有起点上有进步，就应在评语里充分肯定，哪怕是一个词或一个句子。在面向全体学生的激励评价上，采用作文评语的方式，将表扬肯定的话写在作文后面，对于不足的地方，口头指出，学生认可了，就自己记录下来。这样，在他们的本子上，留下的都是老师肯定的评价。每翻阅一次，学生就增添一份自信，一份来源于成功的喜悦感。

2. 创设机会，展示生活，体验成功乐趣。

作文来自生活，在教学过程中，教师要积极为学生搭建展示的舞台，帮助学生树立起写作的信心，让学生真正体会到成功的快乐，激发他们不断提高自己的写作水平。

（1）佳作欣赏。每次选择不同特点的几篇文章或有特色的几个片段，让学生在班上朗读，逐篇引导大家快乐赏析。同时，在教室里布置墙报，选择学生日记中较好的请他们在班上朗读后在墙报上展览，每周定时更换。当他们看到自己的日记上了墙报，特别有成就感，下一篇就更认真地去写了。

（2）佳作发表。利用手抄报、板报、校园网络等发表学生的优秀习作，让学生体验成功的喜悦。成立班级文学社，定期举办佳作发表交流会，让学生介绍经验，畅谈感受。当一篇优秀的生活习作产生后，鼓励学生向学校红领巾广播室、班级黑板报和各种小学生作文报刊投稿，稿件的录用是对学生作文最好的肯定，使他们的生活更美好、更充实。

（3）设立作文成果记录袋。让每位学生准备一只记录袋，由学生自行设计封面，并取一个好听的名字，如“小作家作品集”“梦想园”“小浪花”等。让学生把在校刊、报刊上发表的、获奖的和自己满意的习作放入袋内。这样，一打开这个成果袋，每个学生都能感受到收获的喜悦，品尝到成功的乐趣。

生活是写作的源头活水。让学生走进生活、观察生活、描绘生活、感悟生活，从生活中获取写作的各类信息，已成为作文教学的共识。只有尊重学生真实的生活感受和体验，将生活引入作文教学，作文教学才能精彩纷呈，绽放绚丽光彩。

（本文发表于《小学语文教师》2017 年第 7—8 期）

参考文献

[1] 邱贤彬 . 生活化作文教学研究 [D]. 江西师范大学，硕士论文，2005.

[2] 柯孔标 .《 作文教学创新与创新能力培养 》 人民教育出版社，2005.

依托双线组织单元结构，有效落实语文要素

——以部编小学语文教材为例

摘　要：为更好地体现语文的“工具性和人文性统一”的特点。部编教材创新设计，将21世纪初较为流行的“人文主题”单组员改换成以“人文主题”与“语文要素”双线组织单元结构。为了减轻孩子们的课业负担，充分体会语文学习的魅力。部编教材采用“多识少记”“三位一体”等模式。充分挖掘孩子们学习的热情。在提升学生的综合语文素养的同时，将知识、能力、方法、感情融为一体，体现人文关怀。

关键字：双线组织结构单元；小学语文；部编教材；语文素养

引　言

部编教材相比于传统教材在结构上的明显变化，就是采用了双线组织单元结构。其中“人文主题”是教材的一条显性线索。“语文要素”为显性线索。

所谓人文主题，即各单元课文按照类型进行组合，体现同一主题下的文章内容的丰富性与多面性，通过多个单元充分引导孩子们“感恩自然”“感

恩家庭”“感恩自我”并探索思考自我与外界的多重关系。而语文要素，包括写作、口述、阅读等方面，将其分解成若干个知识点，由点及面，由浅入深，均匀分布并体现在各个单元的课堂互动、课外阅读或习题设计之中。

部编教材以人文主题为枝干、语文素养为树叶，穿插其中。实用性和文学性相结合，强化语文学习的综合性和实践性。难度设置由浅入深、引导学生自主学习，并且将课外阅读纳入课程，强化运用联系实际。由此在创新的基础之上，夯实基础，提高语文素养，运用语文知识解决现实问题。

一、识字写字

对于小学生来说，识字写字是语文学习的基础内容，也是良好语文习惯与语文兴趣形成的第一课。以一年级教材为例，识字的渠道主要分布集中在识字、课文以及语文园地中，识写分流、多识少写，减轻孩子们的识字压力；合理安排识字写字序列，以高频常用字优先，由简到繁，并且配合多种识字方式，充分激发孩子们的识字兴趣与想象力。教材内容充分兼顾“人文主题”与“语文要素”两个方面，在提升趣味性的同时，力求培养学生的思考能力与联想思考方式。

（一）选文古今结合、图文并茂

部编教材选取现代儿童题材生活的儿歌识字，又有以中华传统文化为背景改编的选文。如《姓氏歌》《人之初》是由启蒙读物《百家姓》和《三字经》改编，不仅为学生识字提供了良好的语言环境，而且使识字教材的意义显得尤为深远，让孩子们在语文教学的过程中充分体会中国传统文化的美感与深厚。除此之外，还有看图识字等趣味识字方法，以插画形式展现出来，直观易懂，图文对照，加深记忆。

（二）课堂练习生活、延伸学习

部编教材一直提倡语文学习的工具性，识字与现实生活充分连接。以“语文园地”为例。《语文园地二》的“展示台”，让学生从其他学科的课本中识字；《语文园地四》的“趣味识字”，让学生根据人体部位识字。这些方式不仅丰富了课堂内容，提升是识字学习的趣味性，而且延伸到生活当中，引导孩子们在生活中主动学习、培养联想学习的思维方式。

（三）识字重视基础、探索规律

语文学习最重要的并不是知识储备，而是发现语言学习的规律，掌握轻松学习的技巧。部编教材安排了象形字、形声字、会意字的学习，从汉字起源开始了解汉字的一般规律与编写法则，从而轻松识字，方便记忆。以“日、月、火、山、禾”为代表的象形字，以图片形式展现出来。比如“水”字是由甲骨文演变而来，一开始可以看到水流的样子，中间像水峰、两旁四水谷。与“川”字非常相像。而到了隶书编写阶段则进一步规范，形成了我们今天看到的“水”的雏形。而水流的源头是“源”，溪水清澈即“清”，眼中含水即“泪”。由“水”字延伸学习，广泛关联记忆。除此之外，还可以利用顺口溜来记忆汉语特点，如“有饭能吃饱，有水把茶泡，有足快快跑，有衣穿长袍，有火放鞭炮”。以形象有趣、便于记忆的顺口溜展示了形声字“形旁表意、声旁表声”的规律。

二、基础写作

对于小学生来说，词汇的储备量不足，很难准确表达出自己的意思，而词汇的运用和句子的结构更是需要老师进行纠正。因此，培养学生的写作和表达能力，需要先从基础词语的积累与辨析开始，从简单句子的编写到事件内容的描述。积跬步、至千里。

（一）词语理解与积累

部编教材第二册开始对词语理解提出了要求：联系上下文理解词语的含义、结合生活实际理解词语、辨析相近词语的含义。如《四个太阳》一文中要求学生结合亲身体会，形象理解“温暖”和“冻僵”两个词的区别。教材课后的词语呈现，除了让学生复习巩固生字词外，还意在让学生积累词语。因此，在编排上它不是简单的罗列，而是对词语作了精心的归类梳理，意思很明确。如，《小青蛙》课后的名词积累，《怎么都快乐》的动词积累，《四个太阳》按照颜色、感觉、地点分类进行词语积累，《树和喜鹊》后的AABB型四字成语积累，让同学们举例“牙刷”“刷牙”、“上山”“山上”等改变字序即改变词性的类似词语，让同学们充分体会到语言的奥妙与乐趣。

（二）句子训练，说写结合

理解句子的架构后，可以尝试让孩子们按照简单的“主谓宾”模式造句，让孩子们结合平时口语习惯进行造句。在这个过程中对口语语法和词语运用进行纠正。《我多想去看看》提出编写小文章的要求：以“我多想……”为开头，写下自己的愿望。除此之外，还有几篇课文课后提出了写句的要求，如《荷叶圆圆》要求仿照“荷叶圆圆的，绿绿的”写“小草”等；《小公鸡和小鸭子》课后的“读一读，比一比”一题，第一次让孩子们对两句话进行比较。可以要求学生在写句子的时候，运用课本中新学习到的词汇，学以致用。而在检查学生编写句子的时候，主要纠正语法错误，要求句子的完整性，对句子内涵、长度不可太过苛责。重点是让孩子们体会词语在句子表达中的张力，为将来写好句子、文章打好基础。

三、阅读能力与兴趣培养

在部编教材中，阅读教学实施“三位一体”。所谓三位一体，指的是“精读—略读—课外阅读”三位一体。在与学生生活密切相关的同时，又在引导其养成自己的阅读方法和策略。

（一）丰富课文内容、拓宽视野与深度

部编教材是优秀传统文化的集中呈现。课本中包含古代文学作品，包含古诗、寓言、神话传说，覆盖《论语》《孟子》《山海经》《史记》《世说新语》等，涉及经、史、子、集各部，小学语文一到六年级中的古代诗词更是达到了 129 篇。除此之外，还在语文园地中安排了名言警句、谚语、俗语、楹联等，如“一叶落而知天下秋”“立了秋，把扇丢”等文化常识、民风民俗。“日积月累”栏目中，包含书法欣赏、绘画艺术等，在阅读和观赏的过程中陶冶学生的艺术情操。

（二）课外阅读纳入教材体制，充分利用各种资源

“快乐读书吧”和“和大人一起读”板块是部编教材力图将课外阅读纳入课堂体系的一次创新。“和大人一起读”核心是在大人的陪伴下进行阅读，强调亲子阅读。“而快乐读书吧”则是召唤学生开展读书活动，引导学生课外阅读与积累。除此之外，每单元推荐拓展阅读的文章，都可以作为课堂教学的有效依托。如《纪念白求恩》中第五题：除了毛泽东，许多老一辈革命家也写过纪念白求恩的文章，如……课外阅读这些文章，小组交流：白求恩身上的有哪些优秀品质？哪一点对你触动最大？这两个板块实现了课外阅读课程化，克服了课外阅读的边缘化。

（三）分层规划，合理引导，逐层递进

教材第一册主要引导学生“带着问题边读边画圈圈，找出课本中明显信息”，而第二册要求“找出课文中信息，根据信息做简单判断”。与上册相

比，要求有了明显的提升。如《树和喜鹊》的课后要求“1.‘孤独’是什么？树和喜鹊为什么会感到孤独？ 2. 想一想树和喜鹊后来为什么很快乐？”两个问题明显带有递进关系，了解词意、孤独具体体现、心情转变过程、心情转变原因。必须要提取课本的主要信息，抓住故事发展的脉络才能回答这两个问题。

四、口语练习

口语是人们最直接表达自己的一种途径，为了能更好地达到表达和交流的用途，需要足够简洁、点明核心意图。口语的学习包括“朗读”和“复述”两大模块。从进入小学开始，就需要学习朗读的技巧。从读准字音、注意停顿的基础知识到读好句子、对话，能够猜字读文的拓展学习。教科书从二年级开始，就安排了借助图片、关键句子、关键词语、自然段段意、示意图或者根据表格内容讲故事，提供给学生们讲故事的方法，承接中年级开始的复述课程。

（一）朗读训练

关于朗读训练，需要层次递进，根据不同年级孩子的特点和识字水平来安排教学内容。除此之外，可以在课堂中添加一些趣味性环节。比如：角色扮演、猜字读文等。教材中有很多对话的练习，《小公鸡与小鸭子》《要下雨了》《动物王国开大会》等都涉及多个人物和对话。从读好对话到分角色朗读课文，再到分角色扮演，要求逐步提升。在部编教材第一册中出现了看图猜字的练习，而第二册则更进一步出现了猜字读文的练习，要求根据前后文以及插画进行猜字读文，要猜字的意思，首先要理解图画中的人物关系、情节内容。对孩子们的要求提高的同时，也在这个过程中提升了孩子们的阅读理解以及叙述的能力。

（二）复述故事

关于复述，部编教材中二年级根据图片讲故事，三年级要求简要复述，四年级要求详细复述，五年级提升标准，进行创造性复述。在这个过程中有多种形式：借助图片讲故事，“小蝌蚪找妈妈”的故事可以用图片形式简述出来，主要突出在这个过程中形态的变化，让孩子们在复述的过程中，科普蝌蚪的成长过程；借助关键词语串联故事，以“愿意、麦子、磨坊、驮、挡住、为难、突然、吃惊、难为情、动脑筋、小心”为基础讲解故事，首先进行词性分类，之后判断动词是由谁发出的，为什么会引起某种情感，由此既考查了孩子们对词性的掌握，又在孩子们的脑海中形成联系思考的模式，为以后遣词造句打下基础。

按照由易到难的梯度进行复述学习，在学习的深入过程中不断提升预期目标。这样语文要素线索清晰，逻辑分明，层层递进，为孩子们学习打下坚实的基础，促进语文素养的稳健提升。

五、教学要求、目标

在教学的过程中，需要辨析“主体”与“主导”两者的不同，平衡教学过程中“学生主体学习”与“教师主导学习”的矛盾与不必要冲突。语文学习过程中，培养学生的核心素养需要倡导自主、探索、合作的学习方式，凸显主体意识。

部编教材内容翔实，教师可以利用的地方很多。应当以课本为依托，发掘创新实用的课堂教学方法。诸如学生表演舞台剧、学生续编故事、学生针对课本文章绘制连环画、创作立体画等。在培养语文素养的同时，提升实践能力、团队合作与沟通能力以及培养创新性思维。

在部编教材的教学内容中设置了很多自主学习的内容。比如课文分为教读和自读，要注意这两种课型的区别，在方法引领的基础上，真正能放手让学生自主阅读，独立阅读，读出自己的理解与思考。而“快乐读书吧”模块则是倡导学生课外阅读，拓宽视野与知识宽度。老师可以为学生提供思路，如创建小组、选定书单范围、提供新颖的共读模式。在此基础上，让学生发挥自己的想象力，自主创建一个良性的阅读和学习氛围。

（本文发表于《语文天地》2019 年第 3 期）

参考文献

[1] 徐小成 . 闲谈部编教材的双线组文 [EB/OL].http：//www.docin.com/p-2076612569.html，2018-01-24.

[2] 王本华 . 正本清源，双线并进，建构语文核心素养 [J]. 语文学习，2017(12).

[3] 张敏华 . 把握部编教材特点　落实语文核心素养——部编语文一年级下册教材分析及教学建议 [J]. 小学教学参考 (语文)，2017(1).

[4] 太子头上 . 统编教材语文七年级上册编写小资料 [EB/OL]. http：//blog.sina.com.cn/s/blog_5ccca3dd0102xsbd.html，2017-11-28.

以快乐习字为契机探索小学写字教学有效策略

现状与思考

中国汉字的形体美在世界各国文字中是独一无二的，以它为载体的书写技巧成为一门精湛书法艺术。它不是诗，却有诗的韵味；它不是画，却有画的意境；它不是歌，却有歌的旋律。我们常说："字如其人。"其实，规范、工整、美观的字，就是一个人的第二形象。但随着社会的发展，电脑的普及，很多人误认为写字不重要了，加上应试教育的影响，教师、学生、家长重成绩，轻写字，古老又优美的汉字逐渐失去了手写的温度，轻浮急躁替代了性情陶冶，快餐文化淹没了专心致志，更让人担忧的是人们还认识不到书写水平对学生良好品质形成的影响……凡此种种，对学生写字的认识与态度产生了负面影响。如何有效地改变上述现状，还写字教学的一片蓝天，就显得尤为重要了。基于此，我们展开了5年以"快乐习字，好字好人生"为主题的实验研究，并探索出适合我区小学写字教学的有效策略。

着力探索有效策略

教育部《关于在中小学加强写字教学的若干意见》中强调：规范、端正、整洁地书写汉字是有效进行书面交流的基本保证，是学生学习语文和其他课程，形成终身学习能力的基础。培养学生良好的写字素质，具有现实的针对性，是学生自身之需，是基础教育之需，是社会发展之需。这是我们开展实验的宗旨，更是力量。

（一）加强研训，提升教师素质

“打铁还需自身硬”这道理大家是懂的。为此，先抓好自身建设。

1. 开设多场名师大讲堂，邀请知名书法家举办以“好字好人生”为主题的书法教育培训班。通过培训，让听课师生领略了名师的风采，欣赏了书法家的魅力，在书法理念的指引下，教师更加重视书法教育，引领学生从横竖撇捺书写美好人生。

2. 苦练写字基本功。

为了提高教师自身的写字水平，要求教师坚持天天练字并逐步由一般的写字研究向书法学习发展，大部分教师开始研究名家字帖和书写规律，有的学习了书法理论和书法史；有的阅读了汉语言文字论著中的书法论述；有的参阅了相关学科的知识……教师学识的不断充实，为进行写字教育奠定了知识基础。

3. 建立以赛促进，传承书法文化的长效机制。

通过每年举办全区语文教师书法比赛以及学生写字大赛等活动促进师生发展，提高对“好字好人生”重要性认识，并逐步形成一种文化，使书法艺术得以传承。

（二）营造氛围，赋予正能量

要求各校在班级文化布置中，突出“墨香”二字，积极创建墨香班级文化。有班级书法专栏，展示学生的书法作品；有提醒教育，在每班黑板的左侧统一张贴“眼离书本一尺、胸离桌子一拳、手离笔尖一寸、头正、肩平、臂开、足安”和“一笔一画认真写，不急不躁静心练”四十个醒目大字……步入教室，你会被浓郁的“翰墨飘香”文化熏陶。

（三）聚焦课堂，打造实效

我们聚焦课堂，以课堂为载体，追求常规课堂的优质与有效，打造墨香课堂。只有更新教学理念，提高课堂教学质量，优化写字教学课堂模式，改革写字教学策略，才能提高写字教学效率。我们有计划地组织教师开展写字教学研究，进行了一系列经验交流、教学观摩、书法比赛、展览评比和外出参观等活动。在教学实践中，探索出多种写字教学方法，如示范讲授法、佳作品评法、观察欣赏法、习作比较法、合作交流法、知识迁移法、扶放练习法等，增强了写字教学的效果。

经过实践研究，我们探索出一套适合我区写字教学的模式。

（1）目标要明确，设计要巧妙。

教师要根据汉字形神相依的基本特征，遵循汉字结体、书写规律，按照不同年级学生的心理、生理特点和认知规律，运用正确的教学理论、教学思想、教学方法，设计出科学合理的教学环节，这样才能切实指导全体学生写好字，从而培养良好的思想品德、意趣情操、审美情趣、意志品质。如陈老师在教“撇的写法”一课时，根据预设的教学目标，按“激趣导入—读帖感悟—指导示范—描仿临练—品评矫正”的写字课堂模式组织教学。大体流程是：欣赏带撇的字—复习撇的写法—观察撇在合体字中的变化—观察要学写的带撇的字的结构特点—师生讨论写好“人，们，及”这三个字书写时要注意的地方—教师边范写边讲解书写注意点，学生同时书空—学生描红、临写—利用实物投影评析个别同学的字—学生矫正—对学生的书法作品进行总体展示评价，构建了“赏、导、范、练、评、改”六步教学法的写字课基本教学模式。堂上，学生习字兴趣被激发，主动参与的积极性大增，发言踊跃，大胆展示自己的写字作业，积极评价同学的写字作业，使学生写有所依、评有所据、指导落在实处，呈现出气氛活跃、积极向上的状态。

（2）注重授之以渔评价要精到 。

“授人以鱼，不如授人以渔。”在写字指导过程中，我们抓好六个环节，按“看、记、想、写、评、改”的步骤进行教学，逐步培养学生自主写字的能力。

一看：看清结构，看位置，看运笔。如“明”字，左窄右宽，关键笔画是写好一撇。二记：意在笔先，胸有成竹。如“木”的竖画要写在竖中线上。三想：默默地想，把字的样子与笔顺牢牢记在脑子里，把“眼中之字”变成“心中之字”。四写：分描红、仿影、临写。五评：评价自己或别人写的字，指出优缺点。课堂评价方式灵活多样，评价精到、适时、积极、方法灵活多样，有自评、师评、互评等多种形式。六改：改正不足，把字写得越来越好。

（3）习字育人相结合，水乳交融。

在写字教学中，我们不仅要重视写字技能的训练，更要发挥育人的功能，通过写字育德、启智、求真、养心、健体、励志，不仅学习写字，还要学习做人、审美，做到工具性与人文性的有机统一。在分析字的间架结构的时候，一方面注重知识、能力的培养，让学生掌握写好字的方法，另一方面还要利用资源激发学生的好奇心，感受文字其中的历史与文化，了解中华文字的源远流长，博大精深，不仅引导学生欣赏汉字的线条美、艺术美、品质美，而且用儿童化的语言，教会学生懂得做人的道理。通过写字教学，学生明白了字谦让更美观，人谦让更和谐的做人道理。这样不仅明确了字的结构和方法，更使学生得到了人文的熏陶。

（4）创编儿歌，有趣有效。

老师能遵循观察、分析、描摹、临写、评价、矫正、提高这样的过程组织教学，并能用口诀或儿歌概括书写规律和要领，易学易记，将严格要求与激发学生兴趣、自主练习相结合，为提高课堂效率、促进学生发展，提供了有力的保证。课中，老师们用学生喜闻乐见的儿歌形式，和孩子一起唱《拍手歌》，和孩子一起复习“三个一”。在孩子们的写字过程中，老师都时刻在用亲切的话语提醒学生写字姿势或直接帮忙矫正不良姿势。

（四）建立行之有效的写字评价机制

（1）课堂评价形式多样。

在写字课结束前几分钟，教师根据巡视时掌握的情况，采用“点面”结合的方法品评学生的练习情况，指导矫正。所谓“点”，就是抓住几份有代表性的优、差习字本进行品评。好的习字，品味其好在哪里，哪一笔、哪一字描得好、仿得像、临得神、写得美，鼓励其坚持下去，更进一步；较差的习字，评议其差在哪里，演示怎样矫正。所谓“面”，就是让学生同桌或前后交流习字本，互相品评，自我矫正，或相互帮正。

（2）以五星标准评翰墨之星。

设立了星级考核制度，对每一堂课、每个学生的写字作品都制定出详细的星级写字标准，书写正确得一星，姿势正确得两星，结构匀称得三星，字体美观得四星，习惯良好得五星，达到四星、五星的学生当选为“写字小明星”。每学期开展一次写字等级考试，给不同程度的学生分别颁发三星级、四星级、五星级的写字荣誉证书。此举大大激发了学生的习字积极性，备受学生欢迎，“人人争当小明星”成为一种荣誉和风尚。

（3）建立“三结合”的评价体系，即写字评价与写字习惯培养相结合、与学科作业评优相结合、课内与课外相结合。

（4）采用多样化的写字教材。

我们在用好省厅的写字教材的基础上，还选用与课本同步的著名书法家书写的古诗、成语、名言等钢笔字帖和用好我们自编的地方写字教材，既达到了练字的目的，又把练字和语文学习结合起来，可谓一举两得。

（5）坚持每天练字 15 分钟。

每天中午，伴随着悠扬的古筝曲《高山流水》，学生下午上课前的 15 分钟，都要进行写字训练，这项活动已经持续了 5 年。每当音乐响起，原本生动活泼的校园变得安静下来。同学们自觉地把笔墨纸砚摆放有序，端坐着一笔一画开始练字，那画面简直美极了！

（6）开设不同的写字课型和书法兴趣班。

传统的写字教学枯燥乏味，涉及面狭窄，就写字而写字，为了更加有效地开发好写字这门校本课程，提高学生的练字热情，教师根据不同的学生、不同的内容，采用灵活多样的写字方法，开设各种不同的写字课型。如分析课—主要讲解汉字的笔画书写、组合、字形变化等规律；演示课—利用电教设备，对运笔过程，运笔要领、结构知识进行演示；欣赏课—通过历代著名碑帖介绍及幅式、字体、风格的欣赏，提高学生的审美能力；反馈课—将学生的作业进行展示评析（可自评或互评），达到复习、巩固强化的目的；活动课—结合课堂教学内容，组织写字表演、写字比赛，组织参观书法展览等。

坚守初心，喜获硕果

多年坚守初心，一分耕耘一分收获，终见硕果累累。

1. 学生的书写水平和素质显著提高。

书法教育陶冶了学生的情操，磨炼了学生的意志和毅力，提高了学生的书写水平和综合素质。学生的整体书写水平得到提高，作业书写整体较端正，作业正确率高，很多学生通过学习，不仅提高自己的软、硬笔书法能力，而且改掉了马虎浮躁、杂乱无章的毛病，逐渐养成循序渐进、认真踏实的好习惯。

2. 教师写字水平和专业素质逐步提高。

“以课题引领教研，以专题研究提高教师技艺，以多元交流共享科研成果”成了我区语文教研特色之一。通过课题研究“提高了一批教师，得益了一校学生，最终成就了一批人”。

喜见师生书法作品屡获各级各项奖励，校园呈现出浓浓的“翰墨飘香”文化，得到各级领导、老师以及家长的点赞，我们身为语文教师倍感欣慰。面对未来，我们不忘初心，为传承中华书法艺术文化做出不懈努力。

（本文发表于《生活教育》2017 年第 8 期）

营造语境　加强拼读　提升听说能力

——浅谈“部编本”一年级拼音教学策略运用

内容摘要:《语文课程标准》指出：汉语拼音教学尽可能有趣味性，宜以活动和游戏为主，与学说普通话、识字教学相结合。“部编本”新教材更凸显了汉语拼音教学融拼音、识字、阅读等为一体的多元化整体教学的理念。我们在教学实践中不断探索，让拼音教学变抽象为形象，变枯燥为有趣，使学生爱学、学得高效。

关键词：乐学；有趣；灵活；四结合

一、乐学声、韵调

汉语拼音是一种抽象的表音符号，如何打破小学生难学的困局，我们巧妙设计教学，以趣为主，以联系实际为手段，让学生体验学习的快乐。

（一）情境导入，乐学字母

在新编教材中，每课都加入意境优美的情境图。如果把这一幅幅美丽的图画演变为一个个动听的故事，就能让学生的注意力集中在课堂上，在快乐中学习。

编故事刚开始可以是教师编，学生听，然后，可以由教师引导学生编，再后来，可让学生编，教师只做适当的补充。只要故事中有人物出现，教师就可以让学生把这些人物当成自己，当成同学或朋友等。这样不仅更好地激发学生参与的热情，还把观察图画、学习拼音和说话训练有机地结合起来，乐在其中。

（二）体会韵脚，乐学韵母

我们发现单韵母“a”的学习过程是学生在生活情境的基础上主动探索的过程。这种情境的营造，并没有停留在儿童兴趣需要的浅层次，而是做了知识的迁移，把读文识字与学拼音紧密地结合起来，让学生在情境中积极主动地探索韵母的发音。这样学生既满足了阅读识字的需要，又学习了拼音，还感受到祖国语言文字无穷的音韵魅力。

（三）运用肢体，乐学标调

肢体语言包括面部表情、眼神、手势等。教师通过肢体语言给学生传达资讯，易于吸引学生的注意力。特别是手势的强调、示范作用，有时候比语言更能表达我们的想法。手势有时在教学中可以成为辅助教学的工具，紧紧抓住学生的心。如：举起右手的食指，一边读一边打上升的调号，让学生动起来，借助肢体语言读准上声，收到较好的成效。

二、爱“拼”趣、活

要想熟练运用拼音这一工具，还需要学生在大量反复的练习中巩固如何加强拼读的能力。需要把拼读实践过程活动化、游戏化，从而使学生的学习与兴趣高涨起来，既要有探索的紧张，又要有实践的享受。

（一）拼读实践游戏化——趣

喜欢游戏是儿童的天性，对儿童来说，游戏就是生活，游戏就是学习。

在复习巩固时穿插一些游戏，可以把课堂气氛推至高潮，使学生进入最佳学习状态，在兴趣盎然中进行学习。

教育家苏霍姆林斯基说过："儿童的智慧在他的手指尖上。"小学生好玩、好动，让学生在玩中感知知识是最深刻也是最牢固的。因此，结合学生的拼音学习，让他们动手制作学具，通过有趣的实践吸引学生注意力，从而达到巩固拼音教学的效果。

（二）难点突破活动化——活

学生学习困难的地方，往往也就是教学的难点。如何突破教学难点？有趣的活动最重要。

学生在参与表演和观看表演的过程中，不知不觉地就记住了拼写规则，掌握了所要学的知识。寓教于乐，其乐无穷。

三、善用"四结合"

学拼音不是目的，目的在于学以致用，辅助识字阅读，用普通话交流，也就是说"用"才是拼音教学的真正目的。我们着眼"用"，在拼音教学方法与"用"之间搭起沟通的桥梁，提高拼音教学"用"的实效性。

（一）学习拼音与听说训练相结合

实践中我们感受到学生聆听与说话能力的训练是与课堂教学密不可分的，这种能力的培养伴随着学生的整个学习过程。

1. 听音读卡片

这种听的训练在课堂中是学生最喜欢的游戏，可以是找字母卡片，也可以是找音节卡片。学生在找的过程中既是学习，又是巩固，更是训练。

2. 听说练语言

我们用小组合作学习的方式进行拼音教学的听说训练。通过听，我们接收到了资讯；通过说，我们和他人交流自己的见解和看法。学习拼音不能疏忽了这一“倾听—处理资讯—交谈”的方法，应该利用它学习知识，培养仔细聆听，准备表达的能力。

学生的学习发展水平参差不齐，有的学生掌握得很快，有的略慢一些。如果老师只是一味地教，已经学会的那部分学生就会感到索然无味。如何调动这部分学生的积极性？合作学习是最好的办法——让学会的同学当小老师，在组内教其他的学生，然后各个小组进行比赛，最后评出“最佳小老师”“最佳小组”。小老师为了当“最佳”就会努力去做，而其他学生为了给自己的小组争光，会在小组内认真读，仔细学。这种方法，既锻炼了学生的胆量，又培养了他们的能力，还让学生真正体验到学习的乐趣。

3 学习拼音与看图识字相结合

在学习拼读音节的过程中，要充分利用课文的插图，有机渗透识字，既满足了学生希望识字的需求，也可以在识字中巩固拼音，还能帮助学生积累知识。

（二）学习拼音与阅读相结合

在学生拼读技能达到一定程度之后，就可以适当地选择一些儿歌、童谣、小故事等注音的阅读材料，让学生尝试阅读。课堂上学生爱在老师的引导下借助拼音和图画，由结结巴巴到流利朗读，是学生学习拼音的最大成效。

（三）学习拼音与课外语境创设相结合

创设有效的普通话学习应用语境，不能为考评所束缚，要为学生的终身发展而考虑。让社会、学校、家庭共同重视拼音的学习应用，真正实验“学好普通话，语言多样化”。我们能够做到的是创设学校、班级的环境，让学生随处能够看到拼音，随时说普通话，经常运用拼音识字、发音和说话。

皮亚杰认为：“教育的宗旨不在于把尽可能多的东西教给学生，取得尽可能大的效果，而在于教给学生怎样学习，学习发展自己。”实践证明，凭借学生的已有经验，让学生自己尝试，在尝试中应用，就能让他们品尝成功的欢乐，同时也树立起学习的信心和动力。

（本文发表于《教育学文摘》2017 年第 5 期）

以叙言志

第二辑

善于捕捉生活中的闪光点，一个全新的世界就会在一瞬间照亮你的眼睛……

中山观课札记

引　言

因受疫情影响，名思教研一度按下暂停键，今再恢复线下观摩活动。日前，我随团赴中山体育馆观课学习，其间，文思如潮，遂即兴写下近3000字观课点滴感受，并发给群里供随行的老师分享，现抽空整理成《中山观课札记》，与年轻老师分享，旨在交流，促进提高。

——2023年5月23日

名思教研活动登台亮相的通常都是曾经一线的精英而今已退下火线专注于研究的专家，他们大都选取现行使用的教材并根据新课标理念，结合自己的风格来设计授课。当你在聆听他们的课例时也许会感到跟我们的常态课有很大的不同，难以复制迁移。可是，你会发现他们身上闪耀出一个共同的亮点就是关注学情、关注阅读、关注读写，善于捕捉课堂上生成的亮点。

大家关注第一步学习任务群的设计是立足于“实用性阅读与交流”这一层面去展开设计的。这一步旨在突出“情境性、实践性、综合性”。注重分享，旨在践行“教、学、评的一致性”。

这类型的课是典型环境下的典型课，包括选材、时间、观众，跟常态化有着很大的差异，其中一点区别在于日常课要花费精力去管纪律，这样自然就会打乱上课的节奏，而这类课无须有这方面的顾虑且通常不限于40分钟，因而会呈现出不一样的课堂。

请“同学出来制作视频号这个环节，现场互动”属于第二次“践行情境性与实践性”。目标指向培养学生语言运用和审美创造。

创设情境，上课老师设置“好处”“坏处”这个环节，张老师选择了学习任务群中的其中一条“跑道：思辨性阅读与表达”。

以“视频分享方式”展开整本书阅读教学，突出“情境性、实践性、综合性”，极具创意。

熟悉的课堂又回来了：以师为本，以线索串解讲授的方式……

老实说，要指导好孩子们学好鲁迅的作品实属不易。但要上好的话，必须深入浅出地解读好文本，广泛阅读鲁迅相关书籍，关注作品的写作背景、人物形象塑造、细节描写等要素，然后大胆地将文本的人物立体化，跨越时空，走近孩子们身边，创设情境，引导学生试图与文本对话，与人物对话，在对话交流中体会鲁迅笔下的人物形象与所表达的思想感情。

在中国文学史上有两面鲜明的旗帜：一面是曹雪芹，另一面是鲁迅。忆当年，我首次讲读“四周围黑洞洞的，还不容易碰壁吗？”时，就觉得很有分量，很值得去研读，很值得去思索，很值得去想象、去推测。

鲁迅的作品有时只适合在了解其创作背景之下，创设一个虚拟的情境让学生精读、品读，一旦碎片化讲解可能会让整体的画面遭到破碎，甚至会让学生坠入雨雾中，感到一片迷茫。

这段话及背景音乐的呈现，老师却没有很好范读，确实有点遗憾啊！假如是我，也许会读得让自己的眼泪在心里流，让孩子们眼泛泪花……

中午因受惠于学生请吃中山百年老鸽而错过了德高望重的著名作家冯骥才先生的精彩讲座，可谓有得有失。来到会场刚坐下就听见知名作家谢有顺滔滔不绝地谈起读书话题。我被他一口气脱稿却比念稿还流利、还通顺的演说口才折服，心里默念道："难怪您叫谢有顺！"

其实，这不算是看点，我认为看点却落在站起来蛮有自信却提炼不出一个简明扼要问题的黑瘦的汕头小伙子——一个身兼美术，又教语文，同时关注家乡"非遗"的乡村青年教师的好学态度，使我觉得他是多么的纯朴与可爱。

《宇宙的另一半》的开场热身铺垫很成功。从"街道、风、星星、宇宙"你想象到什么画画。透过这个环节师生的对话，可见这位老师的教学智慧：试图从遥不可及的宇宙慢慢地向孩子们走来，拉近距离，为走进文本铺设一条坦途。妙哉！妙哉！

一个优秀的老师要学会倾听学生的发言。学生想讲什么，讲清了吗？甚至有什么疑惑等，都必须在此时此刻拿捏自如，同时，还会及时借题发挥展开教学。在这方面，他表现尤为突出。其不慢不快的语速，循循善诱、和蔼可亲的教态着实令我钦佩。

不得不提一下今天下午最值得点赞的地方就是《宇宙的另一半》课文作者陈诗哥来到现场跟孩子们一番精彩、难忘的对话。乍一看，陈诗哥长得有点像《狂飙》男主角张颂文的弟弟，一个地道的广东人。旧课标提到，阅读教学从某个角度来说，就是老师与文本对话，学生与文本对话，师生与作者对话。今天的《与陈诗哥叔叔面对面》实现了作者、文本、师生三者有效对话。

作者的一番话用心良苦，旨在激发学生乐于想象，而想象需建立于有逻辑的胡思乱想，更需来源于生活体验的想象与感受。"宇宙的另一半或许就是现实的倒影。"

一句话，就是现身向孩子们传授培养想象的秘诀。

“陈诗哥”，这个名字有点奇思妙想……

王崧舟老师每届都被邀请到名思教研活动现场为广大老师上公开课，很多老师成了他的粉丝，我也不乏为其中一“丝”。他倡导“诗意语文”，擅长执教诗歌、散文类的课文。他的教学风格善于丝丝入扣，妙趣横生，设计匠心独具，善于渲染气氛，指导学生有感情朗读而后不断追问。

课前的梅花诗组重温，为进入新课讲授铺垫对接自然恰到好处。

“列表填写信息”这个学习任务单设计，其实就是践行“学习任务群”中第一条“跑道”：语言文字积累与梳理，即基础型学习任务群。这个设计旨在让学生通过初读，课前预习，整体把握课文的脉络及主要内容。

一个名师，首先要体现出能具备设计出一个与众不同的且教学目标指向十分清晰的教学方案的能力。其次就是善于大胆捕捉课堂上没有预设到的精彩，而这精彩又来自师者点燃之下的智慧火花。刚才那位被王老师冠名为“没杠之王的女生”刹那间精彩绽放赢得听课老师一阵由衷的掌声就是一个佐证。

从第一条“跑道”又转入了第二条“跑道”：“文学性阅读与创意表达”文学性阅读立足于精读、鉴赏。

再次就是教师要有语文教师应有的语言表达能力：表达清晰、流畅甚至幽默、有韵味。王老师在这方面具备了极强的语言表现力。

从教学常态课到名师的公开展示课，这之间有一段距离，但不至于遥不可及。只要常怀揣教育梦想的有为青年教师肯于坚持不懈的追求与努力，未来站在舞台上精彩绽放的一定是你。再辉煌的历史亦会消逝，新的历史将由年轻人去创造，相信未来。

创设情境，试写临别赠言这个环节表明已驶上另一条“跑道”：实用性阅读与表达。这就是在大单元设计下的单篇学习任务群展示课例。

一节精彩的课，执教者要具备很强的教材解读能力。我将之称为：学会先读薄，再读厚。如何理解，不言而喻。“薄”即经对课文进行二度创作成为自己的“创作脚本”。“厚”即根据的教学又吸收大量相关信息，丰富自己……

《梅花魂》最后一段学习任务单设计让学生填写描写梅花品质的词语及朗读，似乎是运用了发展型学习任务群之“实用性阅读与交流”这一条。

最后的总结，不断地追问，不断地重复，不断地深化主题，这一特色就是王老师惯有的一招。

教无定法，但须得法。教法是教学艺术范畴之一，自然会有不同的争议。坊间有另一声音：对小学生而言，需要把课文讲得那么透彻吗？……

罗才军，一个近十年快速成长起来的小语界新星，从普通老师到主任再到集团学校校长，从骨干到特级再到正高级教师，从年轻瘦削的身材到今天略胖的中年身影……一路走来，可谓且行且思且成长。

他的课，我现场听过至少有 8 场。留给我较深的印象恐怕就是大嗓子和满堂不断的追问，总琢磨不透他的讲课风格聚焦在哪。也许还需要时间与实践的历练吧。

如果说，要我向已上了公开课的名师提点建议的话，其中一点恐怕就是板书的粉笔字还需更美，更规范。

突然有种莫名的打比方：常态课好比通俗唱法；评优课好像民族唱法；名师展示课像美声唱法。

高端会背后的冷思考

今参与一场高端课题研究会，会至半程，颇有感触。先忆起“两马说”马化腾说：“眼界有多远，世界则有多大……”马云曰：“时代抛弃你，连声招呼都不会打……”细思量，现实如此。当今世界发展日新月异，教育与时俱进呈现跨越式发展。我们的教育步伐跟不上，望其背项，唯恐相距愈来愈远。

如今的世界，没人在乎你知道多少知识，因为谷歌永远知道得比你多。当下，学习的渠道众多。除了关注学校教育，正规教育机构外，还必须关注非正规教育机构之外的多方位教育。

当今，公平与优质是我们追求的目标。没有质量的公平是空洞的承诺。所以，高质量是教育公平的核心指标。有时知道得越多，越觉匮乏，使命感越强。

——写于 2019 年春 · 深圳

南海观课札记

今观课于南海，犹赴盛宴意未尽。法之妙用，评之灼见，师之睿智，生之灵动……如佳肴。

台上一节课，台下十年功。冰冻三尺非一日之寒。名师的故事，乃一本厚重之书。

古之学者，必有师。师者，传道授业解惑也……《师说》之词耳回响。

传道乃首也，授业、解惑次之。而思今，只唯授业而为之者甚多，传道解惑者不多也。文以载道尔不忘，立德树人居首位。

世事洞明皆学问，人情练达即文章。学语文，不囿于课堂，而生活处处皆有之。学语文，不囿于一时，乃一生而持之以恒。

而今课件之滥用，杂事之纷扰，令人担忧。风不止，树欲静恐难行。何以解忧，唯有闲人月空照。

见贤思齐焉。观其课，思己课，择其善者而从之，改己不足方有进。

语文姓“语”，名“文”，即语文教学离不开语言与文字的表达实践训练。如一堂课下来了，学生还不会正确朗读课文，那简直不可思议，还说什么高效课堂、活力高效课堂，那是站不住脚的。要高举“语言”“文字”这两面旗帜，千万别把语文上成思品课、科学课。不然的话，无疑耕了别人的地，荒了自己的田。

教无定法，教须得法。这话重在后句。如只盯着前句，课堂上或许会上演天马行空。

请不要被课件捆绑，就如今天的你一旦被微信捆绑，则失去灵魂，成“低头族”，不再关注身边。

碎片化阅读越演越烈，这源于教者对教材的研读不够。个别老师仅在文本上游荡而已，忽略整体与重点，这不利于培养学生习作行文布局谋篇。

讲得深，讲得细不等于学得好。曾记得年少时总埋怨老爸把农田耙得太粗，秧难插。可老爸总是说：“你有所不知，农田耙得粗有利于禾苗生长，因为秧苗需要阳光和空气。耙得细反而没空气不利生长。”后来的事实也佐证了这点。不是吗？再后来还实施“抛秧法”，成效还挺好。所以，有时需要教的“懒”，换来学的“勤”与主动，即把学习交给原本该属于学生的主体。

本次活动的重头戏落在今天下午由中国著名文化学者、有国际影响的作家余秋雨先生主讲的《中国文化的生命力》。下午三时十五分，全场四千多观众不约而同手举起手机记录余老师隆重登场的震撼场面：保安员两旁护送，“余粉丝”们追随一拥而上，帅哥美女手捧鲜花上前赠送。与众不同的出场仪式彰显出他的魅力。中华四千多年的文化，他仅用了两个多小时向我们娓娓道来，如数家珍，赢得了现场观众阵阵掌声，让大家享受了一场文化盛宴。“聆听余老师的演讲，犹如泛舟在世界文明长河中。”观众们如是说。几年前，我拜读过他的作品，如《文化苦旅》《问学》《君子之道》《千年一叹》，也聆听过他在央视“全国青歌赛”文化知识考核环节上的点评，被其渊博的知识及演说魅力折服，从此，成了他的“粉丝”。真没想到今天居然近距离一睹大师的风采，聆听大师精彩的演讲，更没料到他还亲自签名赠我书，这些对我来说，真是一份珍贵的记忆。定格给力的画面，留住永恒的纪念！

台湾的课与内地的课格调完全不一样，这也许是两地文化差异的必然结果吧！1. 教育理念不同。内地关注考试，台湾关注生命。2. 课堂上，师生关系不一样。内地师生关系师归师，生归生，始终有距离，台湾师生关系如同伴，平等、亲和。3. 学习方式不同。内地侧重于问、答、读、练；台湾倾向于听、观、合作、分享。4. 教材不同。内地使用指定教材，台湾可选择自选教材，甚至自编校本教材（今节课李玉贵老师选用自编教材）。今日下午第一节台湾李玉贵老师的课给予我们的何止这些，怪不得全场老师听得格外专注，会场格外安静。“请全体同学站起来思考问题，这是你的责任……好，想到的请坐下，还未想到的继续站着……”试问，这样的问法，在我们内地你听过吗？这里又似乎蕴含着什么？你懂得！

同一天，同一场馆聆听了三位著名作家讲学，可谓机会难得。别的不说，单说迥然不同的风格，就折射出两地文化差异。国内两位作家喜欢坐着讲且讲得偏向理性，而台湾作家喜欢站着讲且讲得十分感性，俨然跟观众聊天似的，更不时赢得听众阵阵掌声。坐着讲的给人一种距离感，等级感；站着讲，拉近了讲者与听者间的距离，讲者更具亲和力。风格不同，味道就不一样，反响也不一。国内作家讲完后，上台签名留念者寥寥无几。而台湾作家林清玄一讲完，台下听众蜂拥而上争相找作家签名留念，吓得工作人员连忙赶来维持秩序。哦，原来两地文化不同，不单衍生出不同的学生精神状态，还派生出不同的作家风格。你更倾向于哪一派呢？

王崧舟老师不愧为国内小语界特级教师中的“战斗机”。《桃花心木》励志课文一经他手，就变得浅显易懂，课堂极具震撼力。层层设疑，丝丝入扣。时而娓娓道来，如溪水细流；时而含蓄有力，如暗流涌动；时而妙语连篇，一气呵成，如海涛汹涌……给力的课堂是有灵魂的。王老师的课让你感觉到每个生命都得到灵动，得到张扬。给力的课堂离不开教者的机智。王老师能把一篇篇幅较长的散文聚焦成一段话，乃至一个词而展开教学，足见其驾驭课文的功力深厚。层层设疑，反复朗读，想象补白，达至丝丝入扣。跟文本对话，跟作者对话，跟心灵对话，有效地落实了“三维目标”。王老师的课给予我的远不止这些。

——写于 2018 年秋

与青年教师谈语文教学

——佛山观课札记

日前，以评委的身份走进 2023 年广东省小学语文学习任务群展示活动现场，目睹了大赛的全程，并习惯性地即兴写下自己的感言发回我区有关群里与青年教师分享。

只有这样的课堂才触动了我思绪飞扬，遂写下此诗：

观课偶感

一颦一笑如春风，
吹开园里百花蕾。
一笔一画刚柔济，
招来花丛彩蝶飞。
抑扬顿挫皆有情，
催生满堂声声美。

因受疫情影响，已有多年未曾在线下观摩全省小语盛会，今相遇在佛山南海，倍感珍惜。过去，曾参与多次，不免有此一念：经济上的差距必然衍生出教育的差距。而教育的差异源头在于人才，在于理念，在于方法。而今天的前几位老师的课例，却开始改变了我的看法。作为一个年轻老师，当你首次观摩省赛或国赛时总会怀揣着奢望：饱尝一顿小语教学盛宴。而呈现眼前的却并非每一节课都会很精彩，那是不可能的，也许会觉诧异。有时正因为略带遗憾才觉美，今后才会有改进的勇气与努力的方向。

事实就是如此，但你必须知道这点，理解这点。更要站在一个视角去审视语文教学，更要知己知彼，扬长避短，大胆站在改革的风高浪尖处去搏击长风巨浪，不甘平庸，如高尔基笔下的海燕展翅高飞。一个青年老师想一飞冲天，想坐电梯直上最高层，这恐怕不可取，不现实，不符合成长规律，说不定会觉高处不胜寒，甚至会栽跟斗，摔得头破血流。我还是主张冉冉升起，抱着十年磨一剑的毅力去练就自己。磨什么？磨字，磨读，磨写，磨悟，磨情……

记得少年时曾沉迷于一个电视剧叫《天蚕变》，主人公云飞扬闭关练功，经过潜心、刻苦训练，终于将天蚕神功练到第九层并打败所有对手，天下无敌。其时，我在追剧之余，亦受启迪遂刻苦学习，才以优异的成绩考上师范。

今有一节课，疑似借用了某名师设计的教案《表里的生物》，呈现给我的感觉是人游离于教案，人案脱节，堂上仅有流程却没有生命。这就告诉了我们，尽管团队可以为你提供一个优秀的教案，但年轻的你是否发挥得淋漓尽致，那就视乎老师的教学能力是否达至一个应有的高度了。

当你遇到一首节奏明快、音韵错落有致且充满诗情画意、悠闲愉悦的散文诗歌时，一定会饱含深情、美美地诵读起来，也只有这样，才会感受到诗歌所赋予的音乐美、画面美与意境美。

《在天晴了的时候》就是这样一首美得令我不禁放声诵读的诗篇。诗人戴望舒不愧为“雨巷诗人”。在他笔下，雨中、雨后的一切景色都是那么浪漫，极富情调。尤其是诗中最后一节“新阳推开了阴霾了，溪水在温风中晕皱，看山间移动的暗绿——云的脚迹——它也在闲游”。真实与想象的融合，拟人化的手法，雨后天晴的明丽画卷也随之舒展。读来心里无穷愉悦与舒坦。有点遗憾的是，老师还是碎片化地分解诗歌，缺乏情真意切的朗读，这恐怕也是诗人所不乐见的一举。

综观今天已亮相的课例，仍然没有大胆尝试大单元下的学习任务群主题教学，依然是单篇教学下的貌似学习任务群呈现方式展开教学，正如昨晚评委预备会时，省教研员杨建国老师所言：全省各地正热火朝天地学习新课标，践行学习任务群主题教学，但所见的较多课堂疑似在过去单篇教学基础上将昨天的“活动一”“小组合作一”改签为“学习任务一”而已，穿着绣花鞋走旧路，还没有实质性的大步伐的改革实验。在这方面实践研究，我个人觉得江浙一带、山东等教育发达地区比我们做得更深入，更有热度与效度。

大家拭目以待，估计明年秋季新教材推出后，个别教学单元重构后转换成学习单元再试行学习任务群呈现教学。我喜欢吴冠中的《父爱之舟》。当我看到这课题，就沉醉于默读之中，一口气在心间默默地念读着。读完后掩卷而回味着，伴随而来的是朱自清的《背影》、歌手李健的《写给父亲的散文诗》，更强烈的画画恐怕就是忆起了严肃而慈祥的父亲……

《父爱之舟》是一篇回忆性散文。作品描写了作者和父亲在一起的一个个生活场景，表现了父亲对作者无微不至的深沉的爱，字里行间饱含着作者对父亲的无限思念。文章情真意切，语言朴素，注重细节描写，感情细腻。我有一种冲动的想法：我要上这课！并以此献给天堂的老爸，寄托儿子对父亲的思念。文学作品的价值就是通过一个个鲜活的人物形象去影响千千万万个读者，而且这种影响是潜移默化的，如春风化雨，浸润心田，而不是灌输、填鸭式的说教。

“我唯一的法宝就是考试，从未落过榜。我又要去报考无锡师范了。”“我什么时候能够用自己手中的笔，把那只载着父爱的小船画出来就好了！……醒来，枕边一片湿。”随便摘录几句，句句感人，道出了一个儿子对父亲的无穷思念。

此刻，心里不禁哼起了刘和刚的那首歌《父亲》……

父爱如山。生时不珍惜，别后悔当初……

东莞选手《走月亮》这节课的教学设计与教学呈现均有效地践行了单篇学习任务群的主题教学，共设计了五个情境，形成了一个群。

每个情境的学习任务都存在一定的必然联系，突出了情境性、实践性、综合性。我个人认为她将会是本次大赛最闪亮的星星。年轻老师，当你有机会站在舞台上展示你的教学风采时，有些技巧性的东西还是要掌握的。当你手持话筒讲课时，怎样才使自己的声音悦耳动听？一要把音量调低一点而且声音靠后输出，靠后输出的声音往往相对具有一定的质感，同时因为话筒是一个扩音器，它会将你的音量成倍扩大而后输出。如果你还用平常的音量去讲课的话，那么经话筒传出来的声音就变得刺耳，而不是悦耳了。而当下，我所听到的约三分之二的老师音量偏大刺耳。如何去倾听学生回答而又不至于被这一举动牵扯？在教学中，我们常抛出一个问题，然后再倾听学生回答。当学生对答如流时则固然欣喜，可一旦回答不上或回答冗长时，我们该怎样办？这恐怕需要一点技巧性的处理才妥当。首先，我们不要全神贯注地去听，而是学会耳听八方，眼观六路。其次，要灵活应对。答不上的则迅速化解问题。答得冗长怕误时间的则见机圆场，既不打击学生，又显老师的智慧。

如没特别的要求，不要随意地自设一些无实质意义或思考价值的问题，否则，会搬起石头砸自己的脚。如刚才的课《铺满金色巴掌的水泥道》，课中老师问道：啊！多么明朗的天空。为什么不用“晴朗”而用“明朗”？类似这种问法，在日常教学中，我们有些老师有意或无意间都会出现。事实上，要引导学生去理解为什么不用“晴朗”或哪个词用得好，是毫无意义的。因为“晴朗”和“明朗”其实就是同一个意思而词语不同而已，打比方就是“孖仔”。至于你喜欢哪个词，这完全取决于作者的语言风格和第一意识而已。

教学过程中的环节不宜过多。在刚才的教学中，我们看到有一个环节：叫学生分组依次走到黑板给水泥道贴上金色的小花。这个环节既耗时又无效。此刻，只要你稍思考一下，就会删繁就简。

记忆中已有多年未曾听过深圳老师的课，今天我告诉自己要聚精会神地听听，认认真真地看看，试图窥视出一些“奇葩”。听听、看看至半程，奇葩在哪？继续寻觅，期待精彩。或许精彩就在此：首先提交给评委的教学资料相对丰富、封面设计精美，俗称注重门面装饰。执教老师淡定、老练，比已亮相的老师更显资历深。课堂上老师呈现出一个强势的师者。敢于腾出时间让学生去自由朗读、自主学习。敢于选择一篇篇幅最长的课文去讲，艺高人胆大。可细细思量一下，有时你会发现，老师某些优点其实有可能成为教学的缺点。教师的强势传递出来的是满堂是老师的话，即使偶尔有学生的话语也有其局限性，顺应老师的暗示之下，缺乏思维能力与创新能力的开发。其次就是教案设计与课堂呈现有一定的反差。最后我还看到有两排同学由始至终都坐得端端正正，学得并不宽松、愉悦。

今天上午第一节是来自茂名市代表周大勇老师执教的《跳水》。首先给我的印象就是周写得一手相对较为漂亮的粉笔字，亦拥有一口颇具磁性的声线。我之所以较为专注地听这堂课，是因为听着听着忆起了当年即 1990 年时任校长的我曾到白蕉中心小学、新环中心小学上过这课的公开课的情境。

边听边对照，发现今昔的最大差异就是在解读教材的侧重点上有异同。

这就决定着教学的目标与思路。

过去，教材的解读重点聚焦在“了解事物之间的联系”，而今天的重点侧重于“了解人物的思维过程”。基于两种不同的侧重点，教学的重点也随之而异。前者注重于推动故事情节发展的各方面因素，从而了解事物之间的直接联系与间接联系。而后者则偏重于主要人物船长的身上。

前者即落实课后第 2 项语文要素。后者即落实课后第 3 项语文要素。第 2 项要素须理清一个问题：故事的始端是源于猴子模仿人引大家大笑，大家拿它取乐遂放肆，于是，猴子便拿孩子取乐，戏弄孩子，而孩子心有不甘且受到水手们的戏笑更生猴气，便与猴子来一场追逐战，谁料却走上了桅杆最顶端而遇险了。

人们不禁会问：假如猴子不模仿人的动作，水手们会拿它取乐吗？假如水手们不取乐猴子，猴子会取乐孩子吗？……一连串的追问之下，那么就会找到突破课后的第一个语文要素的方法。换句话来说，即用今天的新课标理念来讲，选择“思辨性阅读与表达”这一任务群来展开教学，是较为适合本课的教学方式了。由此可见，解读文本至关重要，这是教师的一项基本技能。

好不容易才出现一位老师选择一年级的孩子来上公开课，因为通常我们所见的大多选中高年级的课，而今天的潘老师选来自诗人金波笔下的童话《树和喜鹊》自有她优越之处。首先是潘老师的语言风格及身体语言十分适合一年级孩子的喜好，达至师生情感交融，容易让孩子融入学习的情境之中去。其次是这个童话故事挺有趣，老师紧紧抓住“一”跟“孤单”，文中的“泡泡提示”展开生动、有趣、富有实效的教学，并通过有感情的朗读让孩子们感悟树和喜鹊因孤单而不快乐。

其实，感悟“不快乐”是为了体会后来的快乐而铺垫。这点潘老师及其备课团队是深知的。所以，才有后面的重点和更精彩的呈现：树很快乐，喜鹊也很快乐，甚至孩子们学得也很快乐。学习任务群在第一学段的实施重点就是让学生爱读适合孩子们阅读的书籍，培养他们的阅读兴趣。显然，潘老师基于这点选择这个课题来展示自己的教学风采。

综观本节课，在落实语文要素，尤其是字、词、句、篇等方面要素做到较为到位，也很扎实。建议在开发学生想象力方面可加强一下，因为毕竟这是童话，而童话的特点就是培养学生的想象力。我喜欢这个童话，它使我明白：快乐真的很简单，只要有伴侣而且互敬互爱，相互倾诉就快乐了……

大赛最后一节由清远市小帅哥冯少伟老师执教《两小儿辩日》。冯老师采用了“思辨性阅读与表达”学习任务群这条赛道来设计教学。学习过程设置了如下学习任务单：一是读“辩”，享乐趣；二是析“辨”，拓思维；三是用“辩”，提能力。听着听着，莫名地觉到是否所有的课文都适合设置学习任务群，如文言文，就值得思考。如在文言文教学中，丢弃文言文学习方法的指导而刻意去将文中涉及的某些问题、现象或观点展开辩论，是否妥当，值得我们反思。

山雨欲来风满楼。可以预料，一场课程教学改革的浪潮即将来临。年轻人，以海燕的姿态与勇气去迎接未来的挑战吧！

——写于 2023 年 5 月佛山

观电影《满江红》有感

年轻人看电影求浪漫，老年人看电影求学习与纪念。昨晚我走进影厅观看贺岁片《满江红》。之所以选看《满江红》，一方面受媒体影响，据说它刷新票房新纪录，观众对它好评如潮。更为重要的恐怕是我喜欢名导张艺谋及经典名篇《满江红》。

两个半小时的视觉盛宴着实令我感动，尤其是片尾全体将士复诵《满江红》更是把电影推向高潮，家国情怀油然而生，一度想站起来满怀豪情地跟着将士齐诵，可窥视一下左右，还是选择默读而已。

每次看张艺谋的电影作品，都有所得，有所思。

所得一是学习老张在艺术创作上坚守初心的敬业精神，始终以“讲中国故事，树家国情怀”为主旨开展电影创作。

初期，他执导的以反映抗日战争为题材的《红高粱》斩获国际影展多项奖，从此名声大噪。

中期，他执导的《英雄》，以战国历史为题材，被称为“中国电影的《红楼梦》”，美国电影史上的奥斯卡金像奖“无冕之王”。

晚期，贺岁片《满江红》讲述的是南宋时期，岳飞死后四年，秦桧欲率兵与金兵密谈的故事。影片充满悬疑、喜剧与感动，再度刷新票房最高纪录，好评如潮。

所得二是学习张导工作追求精益求精，慧眼识才，成功塑造出有血有肉的人物形象。众所周知，文学作品靠情节与细腻的文字去刻画人物形象，而银幕上的人物形象则靠情节与艺员精湛的演技来塑造。每部影片，张导都亲自挑选出色的艺员扮演重要角色，达至双赢，甚至催生出明星，如巩俐、章子怡，等等。今次选年轻艺员易烊千玺担任主角扮演孙均副统帅。其冷峻、沉着的表情与演技，将一个充满爱国、机智果敢、铁骨铮铮的将领成功地搬上银幕，走进观众心里，演绎得淋漓尽致。当然沈腾、岳云鹏两位喜剧艺员的表现同样不俗，令观众几度开怀大笑。

所得三是学习张导开拓创新的艺术表现手法，令剧情审美与场景审美是高度一致。如他所言，在电影创作道路上一直不稳定，求变创新。综观张导三个时期电影创作表现手法，我发现有如下特点：一是情节简单，但着眼于简单的堆叠与累加一种美感甚至正义感，这就是影视界的“巨物崇拜”现象。二是虚实结合。虚则实，实则虚。令观众颇觉悬疑、扑朔迷离，意犹未尽。三是场景震撼。通过声势浩大的场景将剧情向纵深推进，形成大美之观感。如《满江红》片尾全军将士复诵《满江红》，着实感动观众，有人情不自禁跟读，有人眼泛泪花……

人到七十古来稀。已到古稀之年的张导还能创作出一部比一部更杰出的电影作品，着实令我钦佩之极，他的敬业精神亦会影响到我工作中去……

难怪 2008 年北京奥运会开幕式由张艺谋担任总导演，成功举办了一场无与伦比的奥运会开幕式。

久违了，霞山公园

庚子年仲夏，晨起驱车返校，行至东门，因未到时，故拒进。此刻，心萌一念：进不了，趁此机会到公园溜达，何曾不是件乐事？遂转至霞山公园。

漫步园中，心旷神怡。日出东照，树影婆娑，丛林苍翠。时闻蝉叫声，更喜鸟啼鸣。橙红亭台，掩映林中，静坐湖中。石砌拱桥，横卧湖面，桥亭相看两不厌，唯有情投意合也。丛林中翠绿的湖水，平静的湖面，俨然一块天然的翠玉。置身其中，颇感惬意，厌倦皆忘。绿荫山道，行人稀疏。三五成群，两两成双，结伴步行。偶遇故友，相互挥手。忽见一群大妈，跳起健身舞，打破园中寂静。

疫后人更重锻炼，更爱健康。健康问题，乃人生要事。人世间，没有什么比生命更重要。不论你有多么优秀，你的事业有多么顺利，生活有多么和睦，前程有多么似锦，一场疾病就能摧毁你的一切。

久违了，霞山公园。多年不见，今晨相逢，美哉！妙哉！

——写于 2020 年夏

喜欢独坐品茶

生活在一处久了，仿佛世界就是眼前的部分。工作忙碌了一段时间，心里极渴望远游，给自己的心放个假。偶尔远行，会发觉生活之外，竟有诸多未曾邂逅的美好。一个地方到另一个地方路途漫长，我们不停地走着，直到我们也成了一处风光。

每一段旅行都有句点，但正是这些珍贵的际遇，使我们跟每一处远方紧紧相连。在路上，你不知道会遇见怎样难得的人，经历怎样难忘的事。或许，在不断变化的晴雨风雪中，内心的郁结、放不下的心事，会渐渐平息。

年假已至，去远行吧。也许你会发现这世界中的美好，再将那些美好注入自己的内心世界，让自己的内心世界更充盈。

而我此时却偏喜欢独坐间品一杯香茗，聆听一曲岁月的老歌，阅读东坡的故事。祝远游者平安！祝“守户”者快乐！

——写于 2018 年冬

游黄果树瀑布

拂晓时分，徐徐清风，丝丝凉意。我吃过早餐，乘车入山。

山阴道上，游客甚多，鱼贯而入。水声隆隆，由远而近。顷刻之间，可见瀑布。久仰其名，亚洲居首。今终得见，喜悦万分。

眺望瀑布，气势磅礴，果非虚名。“捣珠崩玉，飞沫反涌，如烟雾腾空，其势甚厉。”

面对佳景，选择位置，按下快门，连拍数张，谨作留念。

紧随人流，路窄人多，十分拥挤，好不容易才穿过水帘洞。靠近帘洞，瀑布更美：飞雪溅衣黄果树，乱红撩眼刺梨花，烟雨蒙蒙见彩虹。

美不胜收，感慨万千。如是画家，则彩笔绘画，以画言情。如是乐师，面对瀑布，弹奏一曲《高山流水》，以歌抒怀。但非两者，而为师者，低吟一首，以诗达志：“日照香炉生紫烟，遥看瀑布挂前川。飞流直下三千尺，疑是银河落九天。”

走出帘洞，喜逢同事，同声点赞。黄果树瀑布，雄浑壮观，不愧为亚洲第一大瀑布！

——写于2018年夏

福州考察记

如果说珠海是一座浪漫城市的话，那么，福州则是一座温馨宜人的城市。烟雨中的福州春意盎然，别具特色的校园文化，凸显包容、开放、柔美。

福州之行，我倍感温暖。温暖，来自福建人的热情、好客；温暖，来自福建的教育给力；温暖，来自教师团队那种“爱拼才会赢、锐意进取”的精神；温暖，还来自闽南文化的灿烂与悠久。闽南教育别具特色，值得关注。

走进福州林则徐小学，犹如来到一所古雅的书院。这里，静美、舒服。沐浴百年历史文化熏陶，聆听英灵的豪言：“海纳百川，有容乃大。”这里，传统文化薪火相传，现代教育硕果丰。

这里，与“三坊七巷”为邻，与“林公纪念馆”比肩，得天独厚的资源孕育着新的希望与憧憬。

这里，成功创办了“走读课程”新模式。围棋、机器人、绘画……多门课程开展得如火如荼，成效斐然。

这里，是智慧校园。学校正朝着“智慧校园五年大计”方向迈进。

“天下之水莫大于海，万川纳之。”相信林则徐小学会继承林公遗志，培养出有知识、有文化，会宽容他人，会懂得感恩的一代新人。

福州延安中学坐落于市中心，面朝巍峨孔庙，背枕幽深古巷，青砖白墙，古典与现代融合。这里，有着近百年的岁月，人才辈出。这里，延安精神代代相传。前任总理温家宝曾为学校题词：发扬光荣传统，争取更大进步。这里，有着不一样的发现：创建地下场馆，弥补空间不足；教室门口贴对联且常换常新，教室便成了小家，并评选出最佳对联，以赛促学；校园布局靠大家，石头上面放蜗牛，寓意深远，颇具创意；宽敞的礼堂设备一流，按下阀门八百多个座椅自动收折靠边，宽大的屏幕及音响带给我们美的视听效果；每层的露台布局精巧，供老师们小憩。

如此古典、优雅且文化底蕴丰厚的校园，着实令我们油然而生敬佩与羡慕之情。

一草一木皆有情，
一言一行显和雅。

——谨以此诗献给福建教育学院附属三小

这是福建教育学院附属三小给我们的印象。陈曦教授谈起她当年在附属三小任校长时颇有感触。她说："这里的一草一木、一瓦一砖都十分熟悉。我把学校视为我的第二个孩子，倾注了不少心血，才有了今天的成效。"谈到学校的办学理念与发展历程，她娓娓道来。短暂的参观，让我们了解到学校的办学历史，感受到校园洋溢着"和雅、书香"的文化氛围。此时此刻，我更想说的是：校长乃是学校发展改革的总设计师，办学理念是学校的灵魂，能把理念变成现实，灵魂得到升华，这恐怕离不开校长对教育有着执着的情怀与不懈的奋斗。

黄丽萍教授的专题讲座“教育教学课题的选题与设计”切合了我们此行之主题。选题要“新”，设计要“亮”，透过案例学会论证与提炼归纳……这些资讯对于我们今后开展课题研究实验有着积极的指导作用。

陈曦教授的讲座时间虽短，但十分精彩。她的演说，让我们分享到其在语文教学方面的真知灼见与智慧。易语文之教学，引起了我们的共鸣。思想常新，激情常在，让我们肃然起敬。

能把学校当成自己的孩子，能把教育当成自己的事业与信念，这无疑为祖国的未来做了一件功德无量的善事，这也该是我们每个教师的职责所在。

葫芦岛考察记

首站来到美丽的葫芦岛市连山区渤海小学，扑面而来的是他们的热情、真诚以及他们的专业知识与敬业精神。此时此刻，我们倍感温暖，颇受感动。或许是因海而结缘，或许是大家都拥有相同的教育梦想而相聚。若说珠海是一座浪漫之城，那么，葫芦岛就是一座诗意盎然之城。你羡慕我的浪漫，我羡慕你的诗意；你羡慕我的繁华，我羡慕你的文化；你羡慕我四季如春，我羡慕你四季分明。其实，我们都面朝大海，不问春暖花开，你我何尝不是别人眼中的风景。

热情洋溢的致辞，高瞻远瞩的办学思想，精彩动人的专题讲座，整齐给力的课间操，激扬生命的课堂，业务精良的教研团队，丰富多彩的核心课程……一一呈现在我们眼前，给我们留下了深深的印象。

爱在深秋，爱在校园。这里，是儿童成长的摇篮；这里，是儿童学习的乐园；这里，是传播爱的沃土。走进校园，处处感受到以“感恩·关爱”为主题教育的浓郁氛围。是的，学校教育不只是传道、授业、解惑，更承载育人之重任。一个缺乏被爱的人是孤独的，一个没有爱心的人是冷漠的。而冷漠者比孤独者更可怕。孤独的人也许是因为得不到身边的人认同或者是在学习、工作、生活上遇到不如意而致，但他或许会把自己的爱投向自己所喜爱的花草树木、山川河流、日月星辰。可冷漠的人心里却对社会充满仇视、不满。一旦这样的人群多了，社会就会变得可怕。如果社会拥有具有一颗爱心的庞大人群，那么，社会就会变得温暖。而儿童是祖国的未来，学校如长期不懈地从娃娃抓起，开展“感恩”教育，让他们从小学会感恩、懂得感恩，那么，学校、老师算是做了一件功德无量的大好事……

为渤海小学的教育点赞！

驱车一个小时来到一所乡镇学校——钢屯镇中心小学。据悉，这里的中心小辖下还有8所规模相对较小的小学，学校承担着培训新教师的责任，可谓教师发展、成长的摇篮。

“每天提升一点点”这是钢屯小学的办学思想。聆听校长的办学思想解读后，我不禁为之点赞。他的办学理念简朴，却富有哲理，折射出王国柱校长的哲学思想。点是一个量词，是线的基本元素。从量变到质变，这是一个辩证的观点。也就是说，王校长坚守遵循教育规律，循序渐进，脚踏实地去干。的确，教育如农业，不像工业；教育如中药，不是西药；教育像太极拳，不像拳击。当下，我们的教育走得过快，很多地方尤其是农村的教育跟不上，灵魂更追不上。

基于这样的办学理念，钢屯小学坚持不懈地抓教师教学基本功训练。终于，今天在我们面前呈现了精彩的一幕。

为钢屯镇中心小学老师们喝彩、点赞！

世纪小学——一所年轻的学校，颇具现代气派。短暂的考察，却三度受感动：一是吕校长带病到校门迎接我们并作“让每个生命与成功相约”主题讲解，听后知其病况，一度让我们备受感动。二是学校数学主题教研展示课及教后反思研讨会，宽松、真实、畅谈的教研氛围，着实值得褒奖与肯定。三是三位老中青教师代表跟我们分享其参与主题教研的点滴收获，说得情真意切，听着听着，油然而生敬佩之情，对他们的敬业精神点赞。

“小荷才露尖尖角，早有蜻蜓立上头。”愿以此诗献给今天的世纪小学。期待明天世纪小学呈现给大家的会是满池绽放的荷花。

“如果我是家长，我会带着小孩到化工四小读书，因为那里很美，很美；如果我是学生，我会到化工四小读书，因为那里很雅，很雅。”走进化工四小后，聆听孩子们精彩的讲解，参观浓郁的班级文化，观看了以“感恩为主题”的升国旗仪式，观摩了精彩纷呈的课堂，难掩心里那份兴奋、激动之情，心里涌起开头那番感慨。

儒雅的校长造就了优雅的学校，儒雅的老师培育出文雅的学生。化工四小正是以实际行动诠释了“宽容、大气、和雅”的办学思想。

“忽如一夜春风来，千树万树梨花开。”借用这诗句来比喻化工四小“和雅”教育成果一点不为过。

在这里读书的孩子是幸福的，在这里教书的老师是快乐的。

感谢化工四小，在您身上让我懂得：教育，不只是眼前的传授知识，还有诗和未来。

以诗传情

第三辑

习惯于茶余饭后写诗传情，让自己的思维天马行空，也算是一件乐事……

如果

如果我还年轻
会像这群年轻的勇士
驾驶心爱的摩托车
像风一样穿越旷野
如果我还年轻
会像这群年轻的骑士
骑上高大的骏马
像电一般飞奔大漠
年轻，真好
年轻，是一股力量
年轻，是一种速度
年轻，是一份激情
年轻人，莫负青春
背上行囊，奔赴远方

——写于 2023 年仲夏·内蒙古

大戈壁

穿越蜿蜒曲折的阴山
来到黑山下的大戈壁
戈壁的尽头仿佛与蓝天相接
面对渺无人烟的大戈壁
我由衷慨叹
这里的星星也许会很寂寥

——写于 2023 年仲夏 · 内蒙古

夏日赏荷

撑着小伞
顶着烈日
百里来看你
不是仰慕你的容颜
而是敬仰你的品格
花容月貌总会谢
人行品性千秋照

陶潜独爱菊
众人爱牡丹
而我却钟情于莲花
不是因为你长得亭亭玉立
只因你出淤泥而不染
濯清涟而不妖

爱你不随波逐流
爱你自强不息

——写于 2023 年仲夏

夏夜随想

晚饭过后，热气稍退
今晚我像平日一样
独步在人影绰绰的河堤路
试图寻觅那朗月下的身影
雨夜中芦苇荡的呢喃

行至半程
一阵突如其来的风扑面而来
路旁的树叶随着树干
有序地晃动跳跃
河边的芦苇摇曳着婀娜的舞姿
这风，如歌，更像是诗，一首散文诗
吹绿了两岸的树

六月天，孩子脸，说变就变
果然，一阵风过后
一场猝不及防的雨，淅淅沥沥地下着
行人争相躲避

河面上溅起了无数水珠欢快地跳舞
热浪下的小草咕咚咕咚地吮吸着清凉的雨
这雨，如油，如酒，如家乡的陈年老酒
灌醉了两岸的行人

今晚我啥事都不想干
只想沐浴在清朗的夜色下
享受夏季家乡如诗的风
如酒的雨

——写于 2023 年仲夏·黄杨河湿地公园

栈道随想

长长的栈道
柔柔的海风
让我感受到春的惬意
海的温情
绿绿的叶儿
小小的船儿
让我感觉到春的气息
鱼的自由
红红的夕阳
蓝蓝的天空
让我享受到春的浪漫
鸟的飞翔
凝视那片海
眺望那座桥
此刻，我心里泛起无尽的思绪
随波飘远

但愿岁月悠长，美景常在

好让我享受每一个黄昏与日落

——写于 2021 年 4 月 · 茂名电白

读书吧

寻寻觅觅
兜兜转转
终娶了你
这个暑假
与你为伴
你的万水千山
我的三味书屋
不一样的潇洒
如一颗种子
遇上了春天

——写于 2022 年秋

追寻

未来是晴还是雨
我未曾想过
既然选择了书斋
便独享纯粹的静谧
未来是春还是冬
我不去想
既然钟情于梅花
就勇敢地吐露真情
未来是否成功
我不去想
既然选择了诗与远方
就砥砺前行
只要我热爱它
请相信未来
哪怕再遇风雨
一蓑烟雨任平生

——写于 2022 年秋

我该拿什么向 2022 年挥手告别

习惯于每逢岁末都会对即将过去的一年盘点一下，今年不例外，也是特殊的一年。转阴返工坐在办公桌前，打开电脑，略思一会儿，便嚓嚓地记下这段文字：

这一年，需要总结
更需要铭记
“请打开健康码”“全城静默”
“逐步放开”“我阳了”……
“停业了”“停课了”
“倒闭了”“倒逼了”……
这一切
千言万语，道不尽的无奈
万语千言，写不完的苦楚
2022，虎年，真苦
让我们果敢地跟 2022 年挥手告别吧
永远消逝不复返
但愿 2023，兔年
疫散春来，扬眉吐气

驾长车踏遍千山万水
坐飞机饱览异国风情
回到从前，自由奔放
国泰民安，繁荣富强

泳之乐

性本爱游泳
晚饭过后
热气渐退
习惯独自来到泳池
一头跃进碧池
如鱼放进大海箭步蹿前
四束光影投射到水里
碧绿的池水泛起了柔波
水下清澈见底、色彩斑斓
此刻，我多奢望自己成一条小飞鱼
来日悠长，静静地，静静地
独享水下静谧的惬意
我爱水下静美的世界

——写于 2022 年秋

生如夏花

总有一首歌让我流泪
总有一群人让我感动
他们就是老师—
清风走了，白云跑了
老师，你却留在炎炎烈日下
汗流浃背，不停地亲切地说：
“请扫码！”
“请打开行程卡”
看到你的汗如雨下
泪水模糊了我的眼睛
从三尺讲台到每个村口
都是那么洒脱与坦然
你的爱融化帐篷里的那块冰
你的爱吹绿了黄杨河两岸
你是这个夏日最美最绚丽的百合花
炎炎的大暑到了

凉凉的秋天还远吗
共同企盼一个秋天的童话

——写于2022年大暑

今夜难眠

遥望今夜的星河
忆起了昨夜的月圆
月光如水，映照轩窗
不曾远去的光景

——写于 2022 年秋

红棉赞

一

你，抖落一身的红装
无语怨风雨
却只为了足下那片绿

二

老了，依然开花
枯了，依然长叶
因为，它知道
一息尚存，不负春光

——写于 2021 年春

五一抒怀

破晓时分
天淅淅沥沥下着雨
花草沾满了水珠
地上湿漉漉
那是水吗?
No！那是春天的泪
那是劳动者的汗
那是人民的泪——
被奋斗者感动的眼泪
向辛勤劳动者致敬
节日快乐，劳动光荣

——写于 2021 年春

静待疫散春来

突然间，心里有一种莫名的不悦
这不悦或许源自近期这波疫情
于是，便放下已备好的活儿
走到走廊凭栏远眺
粉的、白的花朵挤挤闹闹地开着
像片片柔软的云
停泊在枝头呢喃着：
来我这吧！这里才是生活
我何曾不想过这种盎然春意的日子

记得作家周作人曾直言
“春天的美是官能的美，
是要去直接领略的，
关门歌颂一无是处……”
可当下渐次而起的疫情弥漫不散
锁住了外出游走的步伐
难以放肆去领略诱人的春色

这还不算什么
更甚者，一些活动、宏图大计被迫搁置
甚至胎死腹中

此刻，你能笑吗？
唯有去遐想
想起陶渊明《饮酒》中的
“采菊东篱下，悠然见南山”
东篱的菊花、西园翠绿的蔬菜
从不分汉唐晋魏
我喜欢静坐田间
听风的故事
看袅袅炊烟
循着炊烟
把自己糅进静谧的夜晚

——写于 2022 年夏

不吐不快

此刻，苏轼的“几时归去
做个闲人，对一张琴，
一壶酒，一溪云”耳边犹响
苏老的简易人生
老陶的乡村生活
不正是对健康人生的呼唤吗？
渴望寻求一方清净之地
安放心灵
时过境迁，岁月流转
这样的呼唤在一代代后人中并没有改变

面对疫情弥漫不散，乌俄狼烟四起
许多的不确定，许多的偶然也许会成为必然
看见操场上的那面国旗迎风飘扬
我思绪万千
我不想看到风雨交加、电闪雷鸣
因为我还想去追逐生活的诗与远方

——写于 2022 年夏

一路芳香

——记斗门教育文化节

也许你会忘记曾经的远行
却忘不了斗门教育文化节
因为它让你观赏到花的芬芳

也许你会忘记曾经的约会
却忘不了斗门教育文化节
因为它让你品味到果的香甜

也许你会忘记曾经的晚宴
却忘不了斗门教育文化节
因为它让你品尝到酒的浓烈

斗门教育文化节
一路走来，一路芳香

——写于 2021 年秋

今夜遐想

今夜的院子格外安谧
今夜的茶味特别清醇
看窗外的灯影无精打采
交织成遍地莲影
看当头星辰寥落
不知今夜院中
是何等光景
夜空无月心有月
我想追随夜空中的光影
化一阵秋风
飞到苍穹中那颗最亮的星旁
等新月露脸那一刹那

——写于 2021 年秋

等待

这段日子，大家都在等待
就好比鸟儿在等待春天的到来
才配得上鸟语和花香
蝉儿在等待夏天的到来
才尽情地歌唱
露珠在等待秋天的到来
才美美地睡得沉香
红梅在等待冬天的到来
方可傲雪怒放
你，在等待什么
等两考放榜的结果
等疫情销声匿迹的那一天
等待明天是否还有明天
等清风，等明月
而我在等待冬天的雪花飘落在我身上
等待放晴的那一天

——写于 2021 年仲夏

相伴七个夏季

七年前的夏季
邂逅“为你读诗”
从此，便与之一往情深
相伴走过了 2506 个日子
其间的每个夜深人静时
便习惯地戴上耳机
静静地、静静地遨游诗海……

或许这是时下最廉价的学习
更是一种简朴而健康的生活
就如有的人爱上书法、下棋……
而我选择了朗读、听诗、唱歌

自遇上了她，便开启了读诗的旅程
山一程，水一程，相伴走了七年
期间没有一点压力
也没有什么金奖与银奖

只有挚友的点赞，仅此而已便足够

如果每一首诗是一只小船
作者便是划船的船夫
而我就是静坐在船舱里的
那位沉醉于眼前大海静谧的人
听海的故事，听风的倾诉
那一刻的小幸福源于跟作者产生共鸣
在燥热的生活里
听诗、读诗给予我灵魂片刻自由
那股清凉的记忆一直流淌在心头

七年来，她是我读不完的情书
我会继续为她着迷
读她千遍万遍也不厌倦
读她的感觉像春天
读下去，继续听下去
唯愿余生能日日相伴
分享着生活的点滴美好
让自己内心更加丰盈而强大

——写于 2020 年夏

杂诗五首

二月，一段不寻常的日子
它似剪刀
剪碎了人们的梦想
也塑造了英雄……

绝望中的希望

枯了，却依然看到春天
折了，却依然看到绿意
绝望中，希望犹存……

绝处逢生

她，虽纤弱却很坚强
默默地、默默地忍受着
因为她坚信
石缝中也有春天

黄叶的使命

风起满地黄叶
新叶纷纷上岗
落红非无情
但愿春更绿

崖松的风格

他，孤独却不寂寞
屹立岩中看风起云涌
待到风雪后
悄然成为一道独特的风景

叶落叶长两世界

树下歇息
忽见黄片飘落
片刻，满地缤纷
抬望眼，满眼蔚蓝
呵！叶落一世界
叶长一世界

——写于2020年春

抗疫诗组

一场突如其来的疫情成了一场没有硝烟的战争，狼烟四起、蔓延全球，令世人始料不及。据说一场战争往往会改变世界，包括生活、学习、工作、思想甚至格局。

2020 年，注定成了人们为了忘却的记忆！

如果它不来

如果它不来
如果它不来
大可驾长车穿越山川河流
可它来了，梦却碎了

如果它不来
大可静坐黑板前听孔子的故事
可它来了，我却成了困兽

如果它不来

大可郊外踏青追黄蝶
可它来了，春却跑了

如果它不来
大可锣鼓贺岁舞翩跹
可它来了，昔日的闹市却冷了

如果它不来
大可家人欢聚共享天伦
可它来了，他们却辞世了

如果它不来
世界会更精彩
可它来了，世界却变得黯然失色

不该来的却来了
唯有积极面对
面对是一种经历
经历是一种人生
祈求它和它的同伙
永远不再来

——写于 2020 年秋

特别的爱给特别的你

用自己的方式
去传递爱
用自己的方式
向最美逆行者致敬……

一

无须记住我
无须认识我
我把青春融进江河
无须报答我
无须歌颂我
我把光辉融进星河
爱您忠诚

二

疫情第一吹哨人
拉响警示遭训诫
壮志未酬身先死
长使英雄泪满襟
爱您英勇

三

耄耋之年当益壮
披挂上阵斩狂魔
非典英雄再建功
向天再借五百年
如您名字，寿比南山
爱您伟大

四

明知山有虎
偏向虎山行
命悬一线中
最美逆行者
爱您无惧

五

不知道您是谁
却知道您为了谁
蒙住了脸
却蒙不住美
爱您博爱

六

别放弃，挺住
过了今天
明天会很美的……
爱您自信

七

再等一等吧
冰总会融化
春天的脚步近了

一粒种子可掀翻石块
一群蚂蚁也能消灭一头狮子
一块烧红的铁淬火后会更坚硬

风儿悄悄地告诉我
您再等一等吧
还没有发生的美好正在路上
坚持走下去
总会与之不期而遇

——写于 2020 年冬

抗疫三字歌

——谨以此献给参与抗疫老师

疫情起，不休假
一声令，齐抗疫
早出门，晚归来
吃快餐，午无休
穿护服，戴护罩
帮市民，验核酸
登门查，逐户问
录数据，报社区
打电话，问行踪
工作细，严防漏
人心齐，泰山移
好老师，真英雄

——写于 2021 年冬

观课有感

秋风为孩子们鼓掌
小鸟、蜻蜓、白云
都聚拢过来听课
小草、小树、小花
都满心喜欢地探头聆听

不禁写下赠言
躬耕田园润笔杆
勤读岁月话桑梓
今天的小树
明天的参天大树
相信未来

——写于 2019 年夏

夏夜星语

满星的夏夜
格外清朗
白天的燥热
已渐消退
悠然窗前坐
沏一壶小青柑
哼一曲《思故乡》
读巴金的《繁星》
更喜招来了远处的蝉蛙和唱
飞舞中的萤火虫
偶尔客串一回
清风拂面
无穷惬意
此刻，沉醉于夏夜的静美

有人说
夏天是梦的季节

今夜是属于我的

祈祷夏梦悠长，悠长

——写于2019年仲夏

郑州考察随想

一

你是蜜蜂
我愿是花场
让你采粉酿蜜
你是小羊
我愿是牧场
让你吃饱喝足
你是小鱼
我愿是大海
让你畅游
你是雄鹰
我愿是蓝天
让你翱翔
教育，还有诗和远方……

二

有一种研学叫考察
在行走的校园
看到的不只是人与景
还有千年的文化
在行走的校园
穿越了时空的隧道
梦回黄帝的故里
阅不尽商周文明史
数不尽文人骚客行
饮不尽醇香杜康酒
华夏文化在此点播
珍惜行走的每个黄昏与黎明
珍惜行走的每个角落与音符
且行且思，留下永恒的念记

——写于 2019 年 5 月 · 郑州

春风吹南雄

（此诗后谱曲得以传唱）

柔和的春风，你为我动
鲜艳的春花，你为我红
淅沥的春雨，你为我下
一路欢歌到南雄
南雄美，红军足迹处处留
一支部、一封信
挽救红军千秋扬
校园美，主席寄语记心头
一本书、一支笔
两地携手创辉煌
啊！南雄
红色的南雄
革命精神放光芒
革命精神放光芒
啊！南雄
春意的南雄

红色基因代代传

红色基因代代传

——写于 2018 年 11 月 · 南雄乌迳

以韵生趣

第四辑

喜欢夜阑静时，倚窗望月，享受静谧的同时寻觅远方的诗意，让生活平添几分乐趣……

2023 年暑假，开启了疫后首个旅游计划，直奔内蒙古，寻找诗与远方，遂即兴写下以下几首诗词，愿与君分享。

观成吉思汗陵

戎马一生拓疆土，一统蒙古耀千秋。
陵殿显昭民族魂，一代天骄永不朽。

游响沙湾

清风隐夕阳，吹起黄沙轻飞扬。
凭栏小憩闲望远，苍茫，漫任秋风剪衣裳。
小溪流成行，忽闻绿洲沙声响。
沙丘逶迤如细浪，悠长，驼铃归来喜若狂。

游青城

塞外草色美，城中人声闹。
寺院香火盛，承蒙春晖照。

注：呼和浩特，又称“青城”。城中有一寺，名叫“大召寺”，乃呼和浩特最早兴建的喇嘛教寺院。

草原诗组

一

穿越千年蒙古道，战马嘶鸣无从觅。
骁勇善战雄风在，秦月汉关成追忆。
游牧农耕相交融，如今生活甜如蜜。

二

蓝天碧草无穷尽，羊群骏马如千军。

遍地黄花分外香，醉卧天涯梦昭君。

三

日落夜静天渐凉，蒙古包里暖洋洋。
举杯痛饮意正浓，草原歌声轻飘扬。
烟花绽放不夜天，旷野篝火游客狂。

四

眼前的绿
让我看到了生命的颤动
也看到了生命的渺小

重返校园

重回昔日求学园，怎料面目已全非。
时光感触多惆怅，独倚槐树思绪飞。

——写于2023年仲夏

注：园，指当年顺德师范学校。

游清晖园

池中鱼嬉戏，曲径人欢畅。
满园映辉照，蝉儿亦吟唱。

——写于 2023 年仲夏

村居游

蓝天白云相眷恋，长河小艇诉衷肠。
水田白鹭闲情觅，小园硕果任君尝。
峰峰相连翠色浓，村村通畅光景长。

——写于 2023 年仲夏

无题

细雨初歇，独步长堤。

风吹苇荡，极目千灯，夜色沉。

不觉已到留恋处，蛙声婉约，更寂寥……

——写于 2023 年春

春夜吟

明月清风瘦，夜静阑珊庭院幽。

采撷一朵紫荆花，低头，却见红棉泪暗流。

君去似春休，独坐小轩杯已凉。吟罢，一曲恋歌诉离愁。

——写于 2023 年春

夜游栈道

海风拂面吹酒醒，游人挽手笑相迎。
栈道盘曲金龙舞，万家灯火相辉映。

小院之乐

清晨醒来闲庭步，草丛蜂飞蝶相随。
抬头犹见月影俏，问君此刻最爱谁?

——写于 2023 年夏・茂名电白

感恩节抒怀

今乃感恩节，说说心里话

三年疫情下，一路走过来
心怀感恩情，所遇皆平安
感恩醒来时，能见旭日升
感恩下班时，又见夕阳落
感恩亲人陪，让我不寂寥
感恩朋友懂，令我心安然
感恩春季里，老树发新芽
感恩冬日里，赐我一束光
感恩自己心，愿岁月静好

——写于 2022 年感恩节

岸城春色诗组

置身于湿地公园，望蓝天、白云，浴和风、阳光，赏鲜花、绿茵，品盛果、佳肴，撑满船星辉……此刻，情由景生，遂提笔写下诗组《岸城春色》——

一

春风吹绿两岸树，银光播撒黄杨河。
等闲携童漫步游，莲灯映照满池荷。

二

枝头鸟鸣春意闹，步入花丛溢香浓。
忽闻歌声远飘来，满城灯火万家红。

三

醒来推窗气清新，更喜鸟啼两相诚。
最是一年春好处，绝胜繁华一线城。

四

寒风冷雨已无踪，和曦暖春日渐浓。
万物苏萌报春晖，岸城翠绿气象宏。

五

天阴心却晴，皆因雨如酥。
翠色溢岸城，大地已复苏。

——写于 2022 年春

读书会有感

一人一书一世界，言简意赅情意浓。
沐浴春风花正香，腹有诗书气如虹。

——写于 2022 年冬

珠海暖冬

凭栏远眺烟波荡，沙鸥逐浪竞飞翔。
冬阳和风暖如春，城市客厅喜气扬。

——写于 2022 年冬

漫步小憩园

独步园中荫，时而鸟鸣啼。
曲径花草笑，桥下便见溪。
风吹叶落肩，轻掸心更喜。
亭角小憩乐，林下自成蹊。

——写于 2022 年春

相聚

相聚名湖话当年，岁月摇情满江树。
举杯相敬祝安好，握手惜别向未来。
定格画面留个念，下次归来仍少年。

——写于 2022 年秋

周末访友

山塘小屋远，牛群尝青肴。
鸡团觅食悠，日子乐逍遥。

——写于 2022 年秋

乒乓情缘

八尺方台银球舞，
两将对垒技为先。
发球高抛诡异变，
脚步灵活姿到位。
上旋加速弧弦大，
下旋低沉摆短奇。
你推我挡几回休，
最是情怡妙趣时。
乒乒乓乓一辈子，

今生难舍银球缘。

——写于 2021 年秋

秋天诗组

一

醒来渐觉凉，时令已白露。
露从今夜起，月朗更清幽。

二

窗台白霜铺，不觉已寒露。
早晚秋簟冷，犹见冬脚步。

三

日暮秋风起，
漫山红叶艳。
万木寒冬憩，
静待明春燕。

——写于 2021 年秋

肇庆之行

一场秋雨一段情，
端州研修问道行。
且行且思志满怀，
明日杏林更茂盛。

——写于 2019 年秋

望月抒怀

闲庭散步，抬望眼，皓月当空，对着清幽月色，莫名地慨叹——
月升月落为听君
花开花谢与君老
四季忧喜何介怀
对酒当歌莫苦恼

古桥夜影

日听史诗经
夜赏江南景
烟柳弄倩影
古桥显风情

——写于 2019 年秋·江苏

夜游侗寨

驾着爱车去远游，
夕阳西下到肇兴。
千年侗寨千秋旺，
销魂最是黄昏后。
清风云闲花弄影，
鼓楼灯火映辉红。
侗歌燕舞人欢畅，
徘徊夜街人绰影。

门庭若市车水龙，
更喜琴声添古韵。
廊桥流水情悠长，
月朗摇情满村寨。

——写于2019年夏

致敬逝去的青春

青年节，忆往昔
十七岁，考师范
躬耕时，传喜讯
农转非，全家欢

开学季，背行囊
三年窗，学业成
十九岁，意风发
踏教坛，写春秋
廿四岁，晋校长

十年后，转角色
从一线，到教研

小语情，一生恋
弹指间，三十八

青春逝，不复返
暮年至，要珍惜
名与利，皆浮云
年轻时，拼青春
年老时，拼健康
致青春，曾拥有
致健康，天长久
致健康，地久时

——写于 2022 年五四青年节

中山观课随想

伟人故里中山行
名师荟萃论语道
异曲同工妙纷呈
名家对话经典传
回望文化精气神
重温母语铿锵力

更喜钥匙手中握
金钥打开千年宝
银钥通往未来路
薪火相传师之责

——写于 2019 年夏

后记

我不去想是否能够成功
既然选择了远方
便只顾风雨兼程

我不去想是否赢得爱情
既然钟情于玫瑰
就勇敢地吐露真诚
……

我谨想节选诗人汪国真这首诗《热爱生命》来表达自己撰写、出版《一书一灯一辈子》的初衷。从教40年，编织了一个又一个梦想，过程未曾过多地去考虑是否成功。心里一直念叨着：成功固然可喜，失败也不见得是坏事。况且在教学实践中所谓的失败毕竟跟其他行业如金融投资等有着很大程度不同。如果能站在另一个角度来看待，或许，失败也是成功。不是有此一句经典话语吗？“失败乃成功之母。”其实，只要过程做足了，结果会是如意的。所谓“天道酬勤”。基于这种想法，于是乎我再度坐在电脑前，双手不停地敲打键盘，把近年来躺在自己笔记本里的点点滴滴唤醒起来，站好队，呈现给大家看。也许这些文字不见得都是真知灼见，但一定是自己的真情实感，旨在分享与抛砖引玉而已。

《一书一灯一辈子》是继《走过30年》《论文体与教法》后又一心仪之作。我不知道这算不算是成功，我只知道，自己想干的事已尽力去做了，自己编织的梦已圆了。还是那句话：从教40年，只想留点属于自己的文字而已。这本书，也算是我退休前一份心爱的礼物吧！

欧国明

——2023年秋